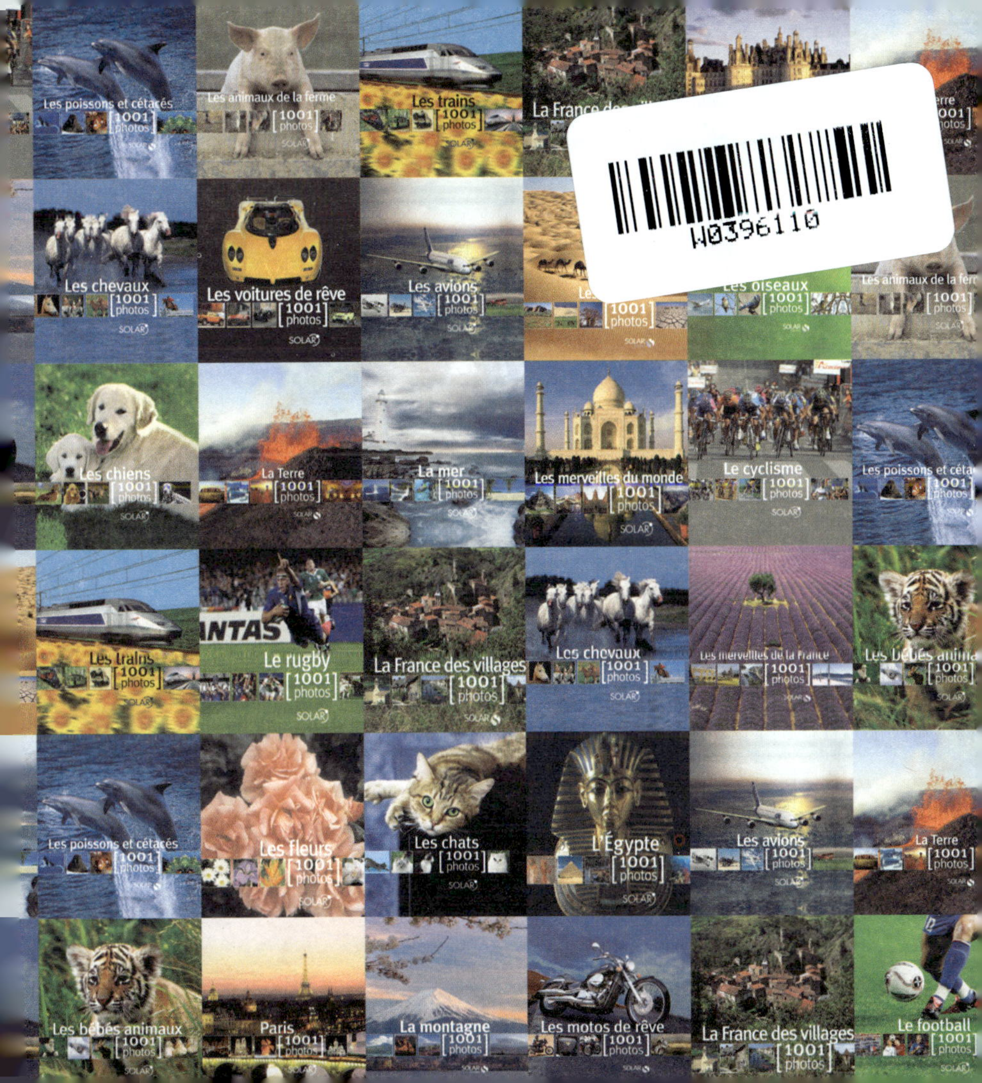

Les poissons et cétacés [1001 photos] SOLAR
Les animaux de la ferme [1001 photos] SOLAR
Les trains [1001 photos] SOLAR
W0396110
Les chevaux [1001 photos] SOLAR
Les voitures de rêve [1001 photos] SOLAR
Les avions [1001 photos] SOLAR
[1001 photos] SOLAR
Les oiseaux [1001 photos] SOLAR
Les animaux de la ferme [1001 photos] SOLAR
Les chiens [1001 photos] SOLAR
La Terre [1001 photos] SOLAR
La mer [1001 photos] SOLAR
Les merveilles du monde [1001 photos] SOLAR
Le cyclisme [1001 photos] SOLAR
Les trains [1001 photos] SOLAR
Le rugby [1001 photos] SOLAR
La France des villages [1001 photos] SOLAR
Les chevaux [1001 photos] SOLAR
Les merveilles de la France [1001 photos] SOLAR
Les poissons et cétacés [1001 photos] SOLAR
Les fleurs [1001 photos] SOLAR
Les chats [1001 photos] SOLAR
L'Égypte [1001 photos] SOLAR
Les avions [1001 photos] SOLAR
La Terre [1001 photos] SOLAR
Les bébés animaux [1001 photos] SOLAR
Paris [1001 photos] SOLAR
La montagne [1001 photos] SOLAR
Les motos de rêve [1001 photos] SOLAR
La France des villages [1001 photos]
Le football [1001 photos] SOLAR

Les villes mythiques

[1001 photos]

Conçu et réalisé par Copyright
pour les Éditions Solar

Textes : Françoise Bayle

Conception graphique : Gwénaël Lecossec

Mise en pages : Richard Bitteur et Jean-Louis Massardier

Coordination éditoriale et recherche iconographique :
Marie Graingeot et Johana Amsilli

Photogravure : Frédéric Bar

Fabrication : Thomas Lemaître et Cédric Delsart

ISBN : 978-2-263-05171-5
Code éditeur : S05171
Dépôt légal : mai 2010
Achevé d'imprimer en avril 2010
Imprimé en Espagne

Les villes mythiques

[1001 photos]

SOLAR
EDITIONS

Sommaire

Villes mythiques d'Afrique

Du Moyen Âge au XXIe siècle 8
Fantomatiques et nostalgiques 20
Temples, mosquées, buildings : un imbroglio éloquent 28
Une histoire tumultueuse pour des villes au charme subtil 48

Villes mythiques d'Amérique

De Brasília à Ushuaia 78
Le Nouveau Monde 102
L'empreinte durable des conquistadores 134

Villes mythiques d'Asie

Tradition et modernité 156
Des villes hautes en couleur 184
Dans les steppes d'Asie centrale 226
Cités du Proche-Orient 238
Aux antipodes de la vieille Europe 262

Villes mythiques d'Europe du Nord

Au cœur du monde germanique 286
Quand l'eau anime les villes du Nord 310
Des bijoux d'architecture 334
La « plus belle ville du monde » et les autres... 366

Villes mythiques d'Europe du Sud

Des villes tour à tour conquises, reconquises et conquérantes 390
Au bord de l'Adriatique et de la Méditerranée 416
Un époustouflant florilège de villes 430

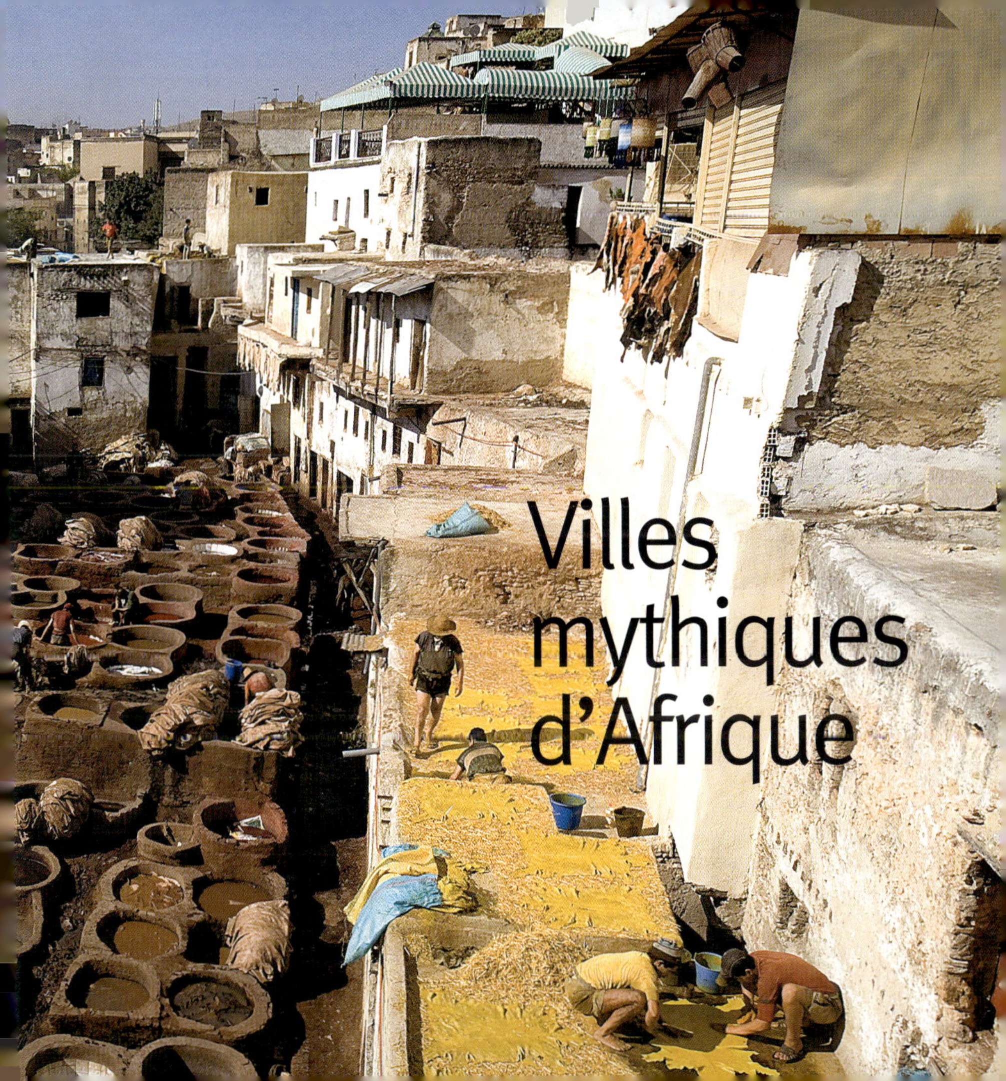

Villes mythiques d'Afrique

A-t-elle transporté son lot de clous de girofle, cette embarcation traditionnelle au large de Zanzibar, île qui fut le plus grand producteur de clous au XIXe siècle ?

Dans beaucoup d'esprits, le continent africain évoque le monde de la brousse et des villages. Il abrite pourtant des villes mythiques dont les noms continuent de faire rêver : Djibouti, Lalibela et Zanzibar en Afrique de l'Est, Le Cap en Afrique du Sud.

Du Moyen Âge au XXIe siècle

Située dans cette Corne de l'Afrique qui approvisionnait déjà les Anciens en encens, en cinabre et en myrrhe, Djibouti eut le temps de nourrir l'imagination de générations de voyageurs, d'Henri de Monfreid à Joseph Kessel et Albert Londres. Plus avant dans les terres, la ville éthiopienne de Lalibela est unique : au tout début du XIIIe siècle, onze églises monolithiques taillées dans le basalte à flanc de montagne ou évidées à partir du sol reconstituèrent symboliquement la ville de Jérusalem. Cité sainte accrochée à 2 700 mètres d'altitude, elle attire des dizaines de milliers de pèlerins, conduits par un clergé haut en couleur.

Quant à Zanzibar, l'« île aux épices » au large de la Tanzanie, elle alimenta pendant des siècles la curiosité des marins arabes et perses, des immigrants indiens et des explorateurs britanniques. Elle fut aussi grande pourvoyeuse d'esclaves. Dans les rues étroites en lacis de Stone Town, sa vieille ville, se mêlent les influences arabe, indienne, africaine et européenne. Nombre de ses maisons en pierre de corail noires s'ouvrent par des portes en bois finement sculptées.

En regard de ces villes légendaires et ancrées dans leur continent, celle du Cap paraît à la fois beaucoup plus récente et beaucoup moins africaine, tant elle a été façonnée par la présence des Hollandais, des Malais et des Britanniques. Malgré les plaies encore vives de l'apartheid inscrites dans son urbanisme, elle ne manque ni de charme ni de dynamisme.

À Lalibela, en Éthiopie, deux des onze églises taillées dans la roche : Sainte-Marie [1] et Saint-Georges [2] et [3], monumentale croix en volume de 12 mètres de haut surgie d'un seul tenant, extérieur et intérieur dégagés, son toit affleurant au ras du sol.

Située au débouché du détroit qui sépare la mer Rouge de l'océan Indien, Djibouti [2] fut longtemps un important comptoir d'échanges entre deux mondes, l'Afrique et l'Arabie...
[1] La grande mosquée.

À près de 1000 mètres d'altitude, la Table Mountain domine Le Cap [2]. Son quartier malais [1], le Bo-Kaap, abrite ses fameuses maisons de couleurs vives ; à Hout Bay, des artisans vendent leurs produits sur le port [3].

2

1

3

4

5

6

Avec sa tour de l'Horloge [6], le Victoria and Alfred Waterfront est une partie du port du Cap récemment aménagée [4]. Non loin des ghettos habités par les Noirs ([7], le township Imizamo Yethu, à Hout Bay), les plages, celle de Muizenberg [5], avec ses cabines colorées, et Bantry Bay et Clifton [double page suivante].

7

1

Petite péninsule triangulaire colonisée par les Portugais au XVIe siècle, Zanzibar, l'« île aux épices », fait partie intégrante de la Tanzanie, après avoir été territoire du sultanat d'Oman : ici, un kiosque dans le jardin de Forodhani [1], sur le front de mer [2], une porte sculptée dans Stone Town, le cœur historique de la ville, avec son lacis de ruelles enchevêtrées et ses bazars [3] et [page de droite].

2

3

[1] et [4] Plages bordant Stone Town, la « ville de pierre », à Zanzibar. [2] Dans ce même quartier, le marché de Darajani.

3

[3] Les flèches de la cathédrale Saint-Joseph, élevée, comme la plupart des bâtiments anciens conservés de Zanzibar, dans la seconde moitié du XIXe siècle.

4

Un jeune garçon dévalant un escalier à Chinguetti, au nord de la Mauritanie.

Toutes situées en Afrique noire de l'Ouest, Chinguetti, Tombouctou et Saint-Louis continuent de fasciner les esprits, même si le sable et le temps ont quasiment eu raison des deux premières, tandis que la fin de l'histoire coloniale française a entamé le prestige de la troisième…

Fantomatiques et nostalgiques

Étale et alangui, l'ancien centre caravanier de Chinguetti aligne le long de ruelles étroites désormais envahies par les sables son réseau ancien de maisons à patio et à portes massives en acacia. Malgré l'état à demi ruiné de nombre d'entre elles, certaines abritent de si belles collections de manuscrits que la ville s'est vu qualifier de « ville des bibliothèques », nom qu'elle pourrait bien partager avec Tombouctou : un nombre incroyable de manuscrits anciens traitant de musique, d'astronomie, de droit, de botanique, d'histoire, de religion, de pharmacopée, de grammaire… sont encore aujourd'hui pour la plupart conservés par des particuliers. Elle aussi plaque tournante essentielle du négoce, c'est de là qu'à partir du XIIe siècle les marchandises venues du nord à dos de chameau étaient ensuite chargées sur les pirogues naviguant vers le sud sur le Niger : sel – « or blanc » –, épices, soie, cuivre et étain contre or, ivoire… et esclaves. De cette illustre cité, il reste trois mosquées et un labyrinthe de maisons en pisé menacées d'ensablement qui peinent à évoquer l'extraordinaire renommée intellectuelle de la ville – elle comptait à l'époque de nombreux édifices religieux.

Premier comptoir français d'Afrique de l'Ouest fondé au XVIIe siècle, la ville côtière et insulaire de Saint-Louis, ainsi nommée en hommage à Louis XIV, garde le long de ses rues quadrillées de beaux bâtiments colorés. Ils attestent son passé colonial, quand s'échangeaient esclaves et marchandises.

À Chinguetti, qui compta autrefois douze mosquées, l'une d'entre elles [1] et un cimetière sur fond de dunes à perte de vue [2].

3

4

[4] et [5] Fondée au XIIIe siècle, septième ville sainte de l'islam, Chinguetti a conservé de sa splendeur passée une douzaine de bibliothèques qui abritent de précieux manuscrits très anciens...
[3] et [6] Ses maisons traditionnelles sont en banco, mélange de terre crue et de paille.

5

6

[Double page précédente] Long de plus de 500 mètres, le pont Faidherbe, dû à Eiffel et conçu à l'origine pour enjamber le Danube, fut acheminé en pièces détachées et remonté à Saint-Louis, au Sénégal. Il tient son nom du gouverneur qui fit de la ville la tête de pont de l'expansion coloniale française.

[1], [2] et [3] La ville historique de Saint-Louis a gardé certaines belles maisons du XIXe siècle.

Dominant un dédale de ruelles [1], la mosquée Sankoré témoigne de l'âge d'or de Tombouctou, quand, aux XVᵉ et XVIᵉ siècles, elle était une capitale intellectuelle et spirituelle musulmane de premier plan. Les pieux qui émergent des murs permettent de grimper sur l'édifice pour le recrépir une fois l'an [2].

Au Caire, les coupoles et les minarets de la mosquée en albâtre Mohamed Ali dominent la citadelle de Saladin.

Du nord au sud, Alexandrie, Le Caire et Louqsor se développèrent dans le delta et sur les rives du Nil, véritable épine dorsale du pays qui étire une étroite bande verte perdue au milieu du désert. Toutes témoignent d'un passé riche et tumultueux.

Temples, mosquées, buildings : un imbroglio éloquent

Celle qui est devenue la plus vaste de toutes, Le Caire, la ville la plus peuplée d'Afrique avec ses quelque 20 millions d'habitants, a été parfois qualifiée de « monstruopole ». Étourdissante, suffocante, bruyante, elle fascine : à l'ombre tutélaire des pyramides de l'Ancien Empire qui s'avancent vers ses faubourgs, son fort romain, ses mosquées, ses minarets, ses madrasa, ses caravansérails, sa citadelle, ses marchés pittoresques, ses ruelles médiévales, ses palais cachés derrière des façades aveugles et des portes closes racontent son histoire, ses fastes et ses décrépitudes. À quelques kilomètres de là, Alexandrie la cosmopolite, dépositaire de la culture antique, est la deuxième ville du pays ; elle aussi hérite d'une histoire prestigieuse, puisque, comme le rappelle son nom, elle fut fondée par Alexandre avant que celui-ci n'entreprenne sa marche vers l'Orient. Sa fameuse bibliothèque, dont la célébrité n'a d'égale que celle de son phare, suffirait à en faire un lieu mythique. Plus au sud, le petit village devenu la grande cité dynastique du Nouvel Empire, l'actuel Louqsor, semble bien modeste au regard du bruit et de la fureur du Caire. Il abrite pourtant les majestueux vestiges de la « Thèbes aux cent portes » d'Homère, et c'est de là qu'il faut traverser le Nil de bon matin vers la ville d'outre-tombe que les souverains firent creuser dans le flanc de la montagne pour qu'y soient aménagées leurs demeures d'éternité.

1

2

3

[1], [3] et [5] Au Caire, les mosquées se dressent dans la ville moderne, la citadelle et même sur quelques îles au bord du Nil.

4

5

[2] et [4] Hérissée de dômes et de mausolées qui se dressent majestueusement au milieu d'habitations modestes, la cité des Morts est l'un des plus anciens cimetières musulmans où la population du Caire est venue s'installer au fil des siècles, au milieu des tombes.

Le Caire, la ville aux mille minarets : celui de la mosquée el-Rifaï [1], celui d'al-Azhar, mosquée fondée au Xe siècle, qui abrite l'une des plus anciennes universités du monde [2]. [Page de droite] Détail de la mosquée al-Nasir Mohammed ibn Qalaoun.

[3] Avec sa salle de restaurant qui tourne sur elle-même en vingt minutes, la tour de Naoum Chebib, haute de 185 mètres, offre une magnifique vue panoramique sur Le Caire.

Gratte-ciel du XXe et maintenant du XXIe siècle [1] de la mégapole du Caire côtoient les souks traditionnels, comme le souk de Khan al-Khalili [2]. [page de droite] En Égypte, le désert n'est jamais loin, il suffit de s'éloigner du long ruban vert qui borde le Nil de part et d'autre pour se retrouver au pied des pyramides qui se dressent non loin de la ville.

1

2

3

À Louqsor, l'ancienne Thèbes, les époques et les civilisations s'entrechoquent : au cœur des temples du Nouvel Empire, tel celui de Karnac [7], le minaret de la mosquée Abou el-Haggag [2].

4

5

Dans la région de Louqsor, sur la rive ouest du Nil [5] où voguent les felouques [3], les nécropoles des pharaons, de leurs épouses [1] et des hauts fonctionnaires [6], à proximité de villages modestes, tel Gournah [4].

6

7

À Louqsor, les statues de pharaons et de dieux décorent les temples, notamment les grands pylônes de part et d'autre des portes [3] ; dans les environs, sur la rive occidentale du Nil, les colosses de Memnon [1] et le gigantesque temple de Deir el-Bahari édifié par la reine Hatshepsout (XVe siècle av. J.-C.), qui fut en 1997 le théâtre d'un tragique attentat [double page suivante].

Reliefs sculptés [2], allées de sphinx, ici à têtes de bélier [4], pylônes imposants [6] et obélisques [5], tout le vocabulaire architectural des temples de Louqsor et de Karnak élevés au Nouvel Empire (milieu du IIe millénaire av. J.-C.).

[1] et [2] Avec ses 400 mètres de long, le pont routier de Stanley et la plage du même nom au bord de la Méditerranée à Alexandrie.

Vue sur la corniche à Alexandrie [3]; on entend presque le clapotis des barques de pêche devant le fort Qaytbay [4], construit à la fin du XVe siècle dans un style médiéval sur l'emplacement du fameux phare disparu, l'une des Sept Merveilles du monde antique.

1

2

3

Fondée au IVe siècle av. J.-C. par le grand Alexandre qui lui donna son nom, Alexandrie abrite des vestiges évoquant les civilisations qui marquèrent l'histoire de la ville : colonne de Pompée et un des deux sphinx en granit rose [2], amphithéâtre romain de Kom-el-Dick [3], mosquée Abbou el-Abbas, reconnaissable à ses quatre coupoles symétriques [1] et [page de droite].

À l’extrémité de la corniche
et surplombant la Méditerranée,
le palais Montazah, édifié en 1892,
fut la résidence du roi Farouk
à Alexandrie.

Inaugurée en 2002, la Bibliotheca Alexandrina s'élève approximativement à l'emplacement de l'édifice antique qui, dit-on, contenait 700 000 volumes, et qui brûla vraisemblablement en 47 av. J.-C., quand César prit la ville d'Alexandrie…

À quelques kilomètres de Marrakech, l'élégant pavillon saadien se reflète dans les eaux de son bassin. Il est installé au cœur des jardins de la Ménara plantés d'oliviers souvent centenaires.

Une histoire tumultueuse pour des villes au charme subtil

Rome et les premiers temps du christianisme, l'installation de puissantes dynasties musulmanes puis l'influence de la France se succédèrent pour composer nombre de villes d'Afrique du Nord attachantes et complexes.

« C'était à Mégara, faubourg de Carthage, dans les jardins d'Hamilcar. » Les vestiges épars de Carthage évoqués dans *Salammbô* de Flaubert peinent à rendre le prestige de la ville qui domina la Méditerranée pendant plusieurs siècles, malgré sa défaite contre Rome. Carthage est restée fameuse pour la qualité de son urbanisme et de sa vie intellectuelle – c'est ici qu'Augustin vécut sa « jeunesse turbulente ». Quelques siècles plus tard, une autre invasion, musulmane cette fois, allait radicalement modifier la civilisation de l'Afrique du Nord, et donc son urbanisme. En témoignent nombre de villes, dont certaines qui remontent à la conquête musulmane, au VIIe siècle : Kairouan, capitale royale et cité sainte, mais aussi les villes impériales marocaines – Fès, Meknès et Marrakech –, où les dynasties successives rivalisèrent de talent dans l'architecture et la décoration des mosquées, des madrasa et des palais, qui conservent également les traces d'un art de construire en pisé typiquement berbère, telle l'enceinte de Marrakech. Sensible dans nombre de villes, l'influence française est particulièrement forte dans l'ancienne Mogador, alias Essaouira, sortie de terre au XVIIIe siècle et unique exemple d'architecture planifiée dans le Maroc ancien, mais aussi à Alger la Blanche. Redessinée par les Français dès les premières années de la colonisation, elle exerça, comme Tanger, un inégalable attrait pour nombre d'écrivains et d'artistes.

1

2

[1] et [5] Sur la côte atlantique, Essaouira la « bien dessinée », l'ancienne Mogador des Portugais, fut conçue par un architecte français du XVIIIe siècle, disciple de Vauban, Théodore Cornut.

3

4

La porte de la Marine [4], à Essaouira, qui donne accès au port, date du XVIIIe siècle, tout comme la Skala de la Kasbah, puissant rempart crénelé long de 300 mètres [2], [3] et [6].

À l'abri derrière ses remparts, Essaouira, c'est aussi le charme incomparable de ses ruelles, de ses maisons blanches aux volets bleus, de son port de pêche et de sa longue plage de sable fin.

C'est à Essaouira qu'Orson Welles, séduit par la ville, tourna certaines scènes de son *Othello*.

1

2

[1] à [7] Fès est la plus ancienne des villes impériales du Maroc : sa vieille ville est l'une des mieux conservées du monde arabe. Splendides façades, somptueux décors de zelliges et de plâtre sculpté, patios, portails et bassins lui confèrent un charme fou.

3

[double page suivante] Parce que l'oued Fès, qui fournit l'eau indispensable au traitement des peaux, est situé en plein centre de la cité du même nom, le quartier des tanneurs, généralement installé en périphérie pour cause d'odeurs nauséabondes, se trouve en plein cœur de la ville.

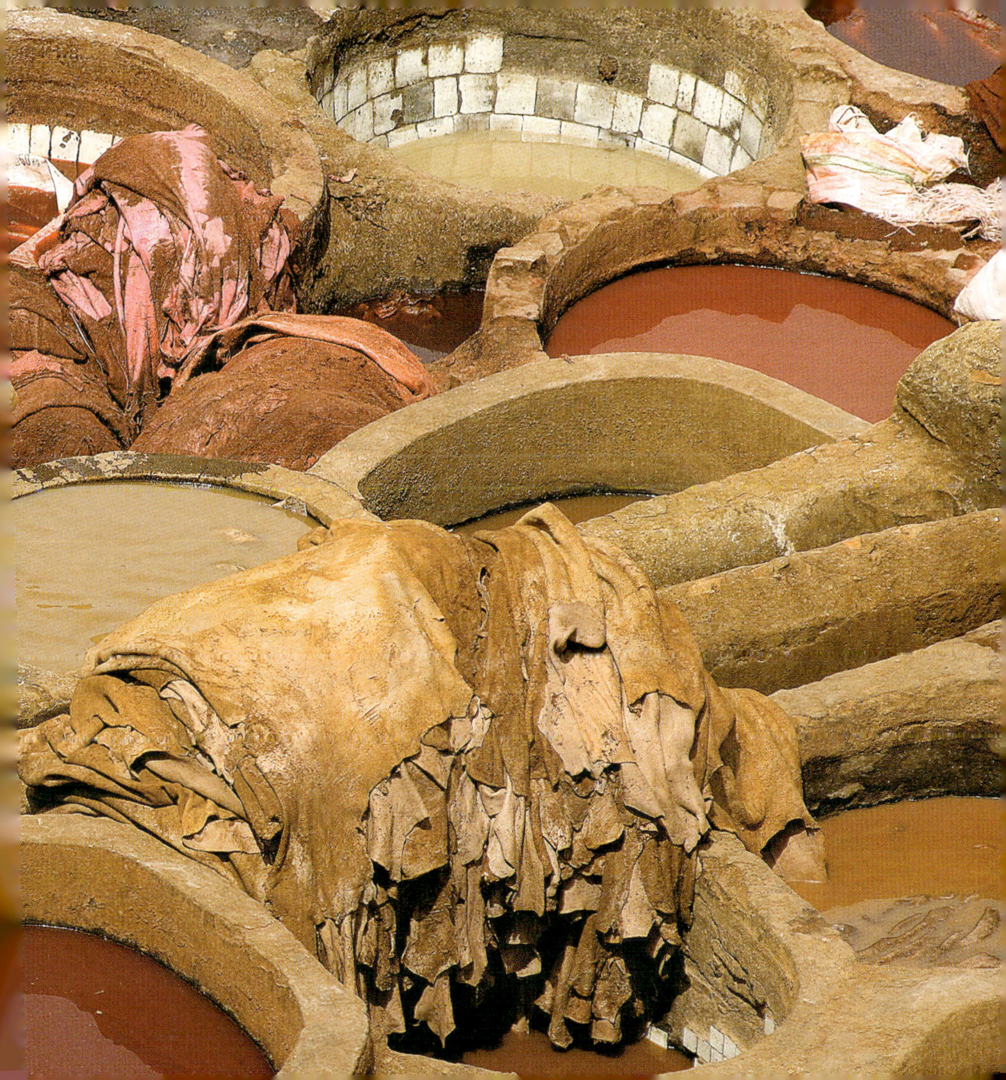

1

La ville impériale de Meknès [5] et [6] connut un développement extraordinaire avec les Alawites, et notamment avec le deuxième souverain de la dynastie, Moulay Ismaïl (1672-1727), un contemporain de Louis XIV, dont on voit ici le tombeau [3].

2

3

4

5

6

Trait d'union entre la médina et la ville impériale de Meknès, la place El-Hédime [4] et [7], avec son marché couvert [8] et surtout Bab al-Mansur [2], la plus remarquable des portes de la ville, avec son réseau infini d'entrelacs se détachant sur un fond de céramique verte.
[1] La porte Bab El Berdaïn.

7

8

1

2

3

4

À Marrakech, ville impériale et ville sainte, la silhouette du puissant minaret de la mosquée Koutoubia, qui remonte au XIIe siècle [1] et [4], et la place Jemaa el-Fna [2] et [3] symbolisent la ville à eux deux.

5

Il faut franchir la formidable enceinte [5] et [6] en terre ocre qui entoure Marrakech depuis le XIIe siècle sur 19 kilomètres et que ponctuent plus de deux cents bastions carrés et une dizaine de portes monumentales pour atteindre le jardin créé par Jacques Majorelle [7], fils du célèbre ébéniste et décorateur Art nouveau Louis Majorelle, ancienne propriété d'Yves Saint Laurent.

6

7

À l'intérieur de la médina de Marrakech, les souks et la place Jemaa el-Fna proposent dans une ambiance pittoresque épices, fruits secs, vannerie, céramiques, tapis, caftans, bijoux, médecines, fruits, légumes, babouches, plateaux en cuivre...

142

1

2

La madrasa Ben Youssef [1] et le palais de la Bahia [3] à Marrakech illustrent le raffinement des décors, le plus souvent géométriques : sols et bases des murs en zelliges, panneaux de plâtre ou de bois sculptés…

3

La vaste avenue Mohammed-V [2] qui traverse la partie moderne de Marrakech, le Guéliz, n'a pas grand-chose à voir avec l'urbanisme serré et intriqué des maisons de la médina collées les unes aux autres [4].

4

1

2

[3] et [7] Étagée sur les contreforts des collines du Sahel algérois, Alger la Blanche, ou Alger la Radieuse, s'étire au bord de la Méditerranée. Elle est dominée par la casbah, la vieille ville.

3

4

5

6

Alger connut avec la colonisation française de profondes transformations : nouveau tracé de rues et de places (place des Martyrs [4]), construction de bâtiments publics (la Grande Poste [5]) et religieux (Notre-Dame d'Afrique [2]), aménagement du port [6].
[1] Le monument des Martyrs commémore le vingtième anniversaire de l'indépendance.

7

[1] et [double page suivante] Non dénuée de charme, la ville moderne de Carthage peine à évoquer la splendeur de la ville punique [2] qui osa tenir tête à Rome et qui, une fois vaincue, fut reconstruite par César et Auguste, début d'une éclatante prospérité qui allait durer sept siècles.

3

4

[3] En toile de fond d'un musée archéologique à ciel ouvert, la cathédrale Saint-Louis fut entreprise au XIXe siècle par le cardinal Lavigerie pour commémorer le souvenir de Saint Louis, mort à Carthage de la peste au retour de la huitième croisade en 1270.
Vestiges de la cité punique, les ruines romaines des thermes d'Antonin [5] ou de villas [4] et [6] retracent un passé prestigieux.

5

6

2

[1] et [5] La Grande Mosquée de Kairouan est le plus ancien lieu de prière du monde musulman occidental : fondée dès le VIIe siècle, l'édifice actuel, plusieurs fois remanié, remonte au IXe siècle. Son minaret trapu et massif domine ses hauts murs renforcés de contreforts.

3

1

4

5

À Kairouan, les ruelles bordées de maisons aux murs blancs et aux huisseries turquoise [2] et [4] côtoient de somptueux monuments musulmans, telle la zaouïa de Sidi Sahbi : la sépulture d'un des compagnons du Prophète [3].

Cours élégantes entourées de galeries aux sols de marqueterie de pierre, mais aussi marchands de tapis dans la médina font le charme de Kairouan dont la lumière fascina tant le peintre Paul Klee.

Villes mythiques d'Amérique

De Brasília à Ushuaia

Au sommet du mont Corcovado (704 mètres), le « Bossu », le *Christ Rédempteur* dû à Paul Landowski et haut de 30 mètres !

Situées en Amérique du Sud, ces villes légendaires sont celles de tous les contrastes : de la conquête espagnole à la modernité la plus radicale, des favelas les plus pauvres aux propriétés les plus luxueuses, des métropoles surpeuplées à une cité du bout du monde…

Admirablement enchâssée entre mer et montagne, Rio, la *cidade maravilhosa,* étale ses plages langoureuses et ses gratte-ciel à l'ombre desquels se cachent encore ici ou là quelque trésor d'architecture ancienne. Concurrencée par la gigantesque et cosmopolite São Paulo, désormais la première ville du pays, elle a perdu son rôle de capitale depuis 1960 au profit de Brasília, sortie de terre ex nihilo en plein cœur du pays en seulement mille jours, selon un plan symétrique en forme d'oiseau aux ailes déployées. À côté de ce modernisme un peu froid, la ville coloniale de Valparaíso aux nombreuses collines ne manque guère de charme avec ses escaliers, son dédale de ruelles, ses funiculaires sans âge qui mènent à de splendides demeures coloniales et ses maisons multicolores accrochées aux pentes on ne sait comment… Avec son plan en damier dû aux Espagnols, l'immense Buenos Aires mêle ses immeubles haussmanniens, ses belles demeures coloniales, ses petites maisons peintes de couleurs vives aux églises baroques et aux tours de verre et d'acier. Mais sans ses *confiterías* et ses *cantinas,* ces fameux cafés et ces salles de musique et de danse qui exhalent encore des vapeurs surannées de tango, Buenos Aires ne serait pas Buenos Aires. À l'autre bout du pays, si Ushuaia, la ville la plus au sud de la planète, offre du rêve, c'est moins par l'enchevêtrement hétéroclite de ses constructions que comme sésame vers des mondes vierges et mystérieux, ceux de la Terre de Feu et du détroit de Magellan, du cap Horn et plus loin encore de l'Antarctique…

Le fameux Pain de Sucre [2], à Rio de Janeiro, ferme la merveilleuse baie de Guanabara découverte par les Portugais en 1502.

[1], [3], [4] et [5] Admirablement enchâssé entre mer et montagne, Rio, c'est aussi ses plages et leurs noms dont l'énoncé sonnent comme un poème et qui furent immortalisées par les chansons de Tom Jobim et de Vinicius de Moraes : Copacabana, Ipanema.

1

2

Mélanges d'architectures dans Rio, la *cidade maravilhosa :* l'ancienne mairie [1], place Floriano, et le musée d'Art contemporain de Niterói [2] dessiné par Oscar Niemeyer, l'architecte de Brasília, avec sa large coupole en béton brut qui s'épanouit « comme une fleur ».

[4] Inauguré en 1909, le Théâtre municipal évoque immanquablement l'Opéra de Paris : marbres, cristaux, miroirs et mosaïques furent importés d'Europe... Symboles de Rio, le carnaval, avec ses chars et ses costumes d'un luxe inouï [3] et [5] et le Pain de Sucre : là-haut, après une montée en téléphérique à 395 mètres, la vue sur la ville est époustouflante [double page suivante].

Sorte de New York tropical,
São Paulo frappe par ses dimensions
et ses contrastes : cathédrale néogothique
de la Sé [2] ; monument de Zani
à la gloire des fondateurs de la ville [4]
devant Pátio do Colégio [1],
ancienne mission des jésuites
du XVIe siècle, et premier tribunal
de droit civil...

1

2

3

4

5

À São Paulo, les immeubles plus anciens de l'avenue Paulista [3] côtoient les gratte-ciel de la zone sud [5].

1

2

3

Déluge d'architecture moderne à Brasília, capitale créée ex nihilo au centre du pays entre 1956 et 1960 par l'urbaniste Costa et l'architecte Niemeyer : autour de la place des Trois-Pouvoirs, le Congrès [2] et *Les Pionniers,* statue de bronze de Bruno Giorgi [1]. Le pont Kubitschek [3], du nom du président du Brésil à l'initiative de ce projet, et la cathédrale [page de droite].

1

2

[1], [3], [4] et [6] Dédale d'escaliers et de ruelles tortueuses, funiculaires sans âge grimpant vaille que vaille l'une des quarante-deux *cerros* (collines) séparées chacune par d'abrupts ravins, confèrent à Valparaíso un charme ineffable.

3

4

5

6

[5] Un enchevêtrement de fils électriques en dit long sur le « bricolage » de l'urbanisme spontané et improvisé de Valparaíso… L'ouverture du canal de Panamá amorça le déclin du port [2] – plus besoin alors de contourner le cap Horn pour passer d'un océan à l'autre…

[2] Avec son plan en échiquier, Buenos Aires, le « Paris de l'Amérique du Sud », abrite le long de ses larges avenues et de ses vastes places des édifices s'inspirant de l'éclectisme européen du XIXe siècle.

À Buenos Aires, le Palacio Barolo [1] des années 1920 surmonté de son phare, le Palacio de las Aguas [4], immense réservoir d'eau potable, et le Palais du Congrès de la nation argentine [3] de style néoclassique.

À Buenos Aires, le style colonial (ici le Cabildo, l'ancien hôtel de ville [3]) côtoie la modernité : celle d'un pont métallique du XIXe siècle [4], des gratte-ciel du quartier de Retiro [2] et du pont de la Puente de la Mujer signé Calatrava [1]. [5] Les bus bariolés de la ville.

5

6

À côté de bâtiments imposants, telle la Casa Rosada [6] siège et symbole de la présidence qui borde l'un des côtés de la fameuse Plaza de Mayo à Buenos Aires, ou le Palacio de las Aguas [8], les terrasses du parc de la Recoleta [7] évoquent les fameuses *confiterías*, cafés où commencent et finissent nombre de soirées.

7

8

[1], [2], [page de droite] et [double page suivante] À la Boca, l'un des quartiers les plus pittoresques de Buenos Aires, peuplé à partir du XIXe siècle par des marins et des dockers venus de Gênes, les maisons sont peintes de couleurs détonnantes. À l'origine, elles furent construites en bois ou en tôle à partir des épaves abandonnées et des fonds de pots de peinture destinée aux bateaux.

ARGENTINA
Coca-Cola
PINOCHO
Frigor

1

2

3

[1] et [2] À Ushuaia, la gare « du bout du monde » porte bien son nom : c'est d'ici que le train du même nom mène au Parc national de Terre de Feu.
[3] De la baie, vue sur les sommets enneigés de la cordillère de Hoste, une île toute proche située de l'autre côté du canal de Beagle.

[4] et [5] Coincée entre la cordillère et le canal Beagle, Ushuaia conserve une atmosphère pionnière malgré l'expansion qu'elle connaît depuis quelques décennies.

Le Nouveau Monde

Au large de Manhattan, à New York, la statue de la Liberté salue les touristes en route pour Ellis Island, l'île qui accueillit les immigrants de 1892 à 1954.

Toutes hérissées de fabuleux gratte-ciel qui fascinèrent longtemps les habitants de l'Ancien Monde, les villes mythiques d'Amérique du Nord affichent chacune leur personnalité, sans renier complètement leurs liens avec le Vieux Continent.

Est-ce cet interminable lotissement sans repères ni limites, où des myriades de maisons individuelles sont prises dans un incroyable entrelacs d'autoroutes, qui fascine autant les visiteurs de Los Angeles ? Ou Hollywood, ses paillettes et Beverly Hills, enclave de luxe incarnant l'apothéose du rêve américain ?
Et que dire de cet autre rêve américain sorti de nulle part, Las Vegas, où l'on vient de partout pour se marier et se livrer au jeu dans des hôtels-casinos déments d'opulence et de gigantisme ?
À côté de ces deux « monstres », Chicago, New York, Washington, San Francisco, aux États-Unis, et Québec, au Canada, ont presque des airs de familiarité avec la vieille Europe, même si leurs gratte-ciel les rattachent sans doute aucun au monde d'outre-Atlantique. C'est à Chicago, après qu'un incendie eut ravagé la quasi-totalité de la ville en 1871, qu'ingénieurs et architectes exploitèrent de nouvelles techniques permettant de concevoir des gratte-ciel à armature métallique qui, avec leurs façades dépouillées, leur usage immodéré du verre, leurs puits de lumière, s'imposèrent ensuite partout. L'omniprésence de ces *skyscrapers* n'empêcha pas ces villes de conserver des quartiers et des monuments qui continuent d'évoquer les générations d'immigrants venus s'inventer ici une autre vie – un ghetto d'Europe de l'Est dans certains coins de l'Upper East Side à New York, un bout d'Italie dans North Beach à San Francisco, un morceau de France pour la Place-Royale à Québec ou le néoclassicisme européen pour le cœur historique de Washington –, autant de pages d'histoire inscrites dans la pierre.

Bâti autour de Wall Street, le cœur économique et financier de New York [1] est à Manhattan. C'est là aussi que se trouvent les gratte-ciel les plus fameux, tel l'Empire State Building ([2] au centre) et le Chrysler Building [4]. [3] Le Flatiron Building.

4

5

6

Difficile de se perdre à Manhattan [6], avec son plan en damier où les rues sont orientées est-ouest, et les avenues nord-sud, et où certains de ses célèbres *skyscrapers* servent de point de repère tel le Time Warner Center sur Columbus Circle [5].

1

2

3

[1], [2] et [3] Depuis qu'il a été créé au milieu du XIXe siècle, Central Park constitue le véritable poumon de Manhattan, où se côtoient promeneurs, joggeurs, lecteurs, flâneurs... Il est bordé sur la 5e Avenue par certains des plus somptueux immeubles de la ville – ceux des Morgan, des Carnegie et des Vanderbilt... [page de droite] Une autre circonscription de New York, Brooklyn, avec ses alignements de maisons identiques en grès rouge, le *brownstone*, qui leur a donné son nom, ici dans le quartier de Park Slope.

Écrans géants, publicités lumineuses, music-halls, théâtres, cinémas, grands magasins, Times Square [2], avec son Theatre District [1], est probablement le centre le plus animé de New York, la « ville qui ne dort jamais », avec ses taxis jaunes omniprésents...

S'étirant du nord au sud, Broadway [5] et [double page suivante] est l'une des rares rues à traverser Manhattan en diagonale.
[3] SoHo et ses fameux *iron buildings*.
[4] Harlem, qui connaît une réhabilitation dynamique.

100% Colombian Coffee
HSBC
TIMES SQ SHUTTLE
TO SOUTHBOUND
7 AVE
TURN HERE
ONE WAY
W 45 ST
GEORGE ABBOTT
RENT
MAROON5
Virgin
Corona
maxell

PEOPLE
STOP THE YAWN
NEW DIET PEPSI MAX WITH GINSENG AND MORE CAFFEINE
MAX
PLANET HOLLYWOOD
RESTAURANT & BAR
ELVIS
PLANET HOLLYWOOD
PLANET HOLLYWOOD
PLANET HOLLYWOOD
HOLLYWOOD
& BAR
The Ultimate New York Souvenir

[1] De style néoclassique, le Capitole, à Washington, abrite dans chacune de ses ailes d'un côté le Sénat et de l'autre la Chambre des représentants.
[2] À proximité, le Lincoln Memorial (ici, la statue monumentale du président, 6 mètres de haut).
[3] La Maison-Blanche, résidence officielle et bureau du président des États-Unis.

[4] et [5] Proches également, le Washington Monument, en forme d'obélisque, et le Mémorial de la Seconde Guerre mondiale.

Située au bord du lac Michigan [4], Chicago est traversée par la rivière du même nom [3]. La ville des gangs et de la prohibition continue d'attirer des millions de visiteurs pour sa fabuleuse architecture de gratte-ciel [2].

[1] Son quartier d'affaires, le Loop, est le deuxième plus important des États-Unis après Manhattan.

[5] et [6] Parmi les plus beaux immeubles du Magnificent Mile, à Chicago, le Wrigley Building, siège de la compagnie fabriquant du chewing-gum, avec sa tour s'inspirant de la Giralda de Séville.

[1] Au-dessus de la rivière Chicago, le pont mobile de Columbus Drive.
Toujours dans le Loop, le quartier d'affaires, des tours [2] et les voies du métro aérien, plus connu sous le nom de L, devenu l'un des emblèmes de la ville [page de droite].

Ashland 63
Kimball

[1] Devant certains immeubles parmi les plus hauts du monde, telle la tour de l'Aon, le pavillon Pritzker de Frank Gehry, à Chicago.
[2] Autre must architectural, le John Hancock Center et ses terrasses.
[3] Sur le Jewelers' Building, une horloge surmontée par l'allégorie du Temps portant sa faux et son sablier.

1

2

3

Des sculptures gigantesques adaptées aux dimensions de l'architecture s'installent sur certaines esplanades de la ville de Chicago : le *Cloud Gate,* rebaptisé « le Haricot », d'Anish Kapoor [4], et *Le Flamant rose* de Calder [5].

À Las Vegas, les hôtels abritent plusieurs milliers de chambres, tels le *New York-New York* [1] et [3], (où l'on reconnaît l'Empire State Building, le Chrysler Building et la statue de la Liberté), l'hôtel *Excalibur* ([3] à droite), et la *Strastosphere Tower* [2] avec, au sommet, un parc d'attractions.

Nombre d'hôtels et de casinos de Las Vegas sont situés sur le Strip, un boulevard de presque 7 kilomètres : le *Venetian* [5], avec son réseau de canaux et ses gondoles, et le *Paris*, avec sa réplique de la tour Eiffel [6] (165 mètres contre 324 mètres pour l'original).
[4] Les néons de Fremont Street.

1

2

Forêt de buildings vue du ciel [2] ou à ras de terre [1] : à gauche, la fameuse Transamerica Pyramid, l'un des emblèmes de la ville, dans le quartier des affaires de San Francisco.

[1] Dans le Haight, à San Francisco, cœur du mouvement hippie des années 1960, immeuble étroit accroché à la pente.
[2] Reconnaissable entre tous, avec sa couleur orange et ses deux tours de plus de 200 mètres, le Golden Gate.
[3] Abrupte elle aussi, la Lombard Street, la « route la plus sinueuse des États-Unis ».

1

2

3

[1] Sur fond de gratte-ciel du quartier d'affaires de San Francisco, les *Painted Ladies* d'Alamo Square, une rangée de maisons victoriennes aux couleurs pimpantes au bord du jardin du même nom.
[2] Un autre jardin, le Golden Gate Park – plus grand que Central Park –, et son Jardin japonais.

1

2

3

4

5

Autre emblème de San Francisco, les *cable cars* [3] et [5]. Plusieurs fois menacés de disparition, ils continuent d'embarquer leurs passagers – des touristes surtout – sur trois lignes sillonnant les collines de la ville, tout comme les trolleybus [4].

1

2

3 Avec ses studios de cinéma, ses résidences de stars et le siège de nombreuses compagnies de cinéma, Hollywood [1] et [2] attire nombre de visiteurs de Los Angeles [3]. [Page de droite] À proximité de la ville tentaculaire, Santa Monica avec sa plage et ses maisons colorées.

Sotheby's

1

2

3

4

À Hollywood, le Walk of Fame est devenu le trottoir le plus célèbre du monde, avec sa succession d'étoiles sur lesquelles figurent les noms des plus grandes stars du show-business [1], celles qui fréquentent les boutiques de luxe de Rodeo Drive [2], à Beverly Hills. À L.A., la mer n'est jamais loin : à Santa Monica [4] ou à Malibu [7].

5

6

7 Malgré l'existence d'un centre d'affaires, *Downtown*, avec son lot de gratte-ciel [3] et [5], Los Angeles [6] se caractérise par une absence de centre-ville et s'étend sur une superficie de près de 1 300 kilomètres carrés.

Sous la neige, la ville de Québec vue depuis le Saint-Laurent gelé [2], et le *château Frontenac,* célèbre hôtel situé dans le Vieux-Québec [1], premier d'une longue série d'hôtels style « château », construits à partir de la fin du XIXe siècle.

[3] Dans le Vieux-Québec, le quartier Petit-Champlain et le musée du Fort.
[4] La place Royale avec son buste de Louis XIV, au cœur du berceau de la civilisation française en Amérique.

Traversant le quartier Petit-Champlain [4], la rue homonyme sous son manteau de neige à Québec [1] ; pas très loin de là, la place Royale [2], et la cathédrale anglicane Holy Trinity dominée par le *château Frontenac* [3].

1

2

3

[5] Vue d'hiver pour l'avenue Saint-Denis à Québec.
[6] Ambiance plus printanière à une terrasse du centre-ville.

Vue depuis la Plaza de Armas à Cuzco, l'église de la Compañia, édifiée par les jésuites, la Compagnie de Jésus, sur le site d'un palais inca.

L'empreinte durable des conquistadores

Entre le XVIe et le XVIIIe siècle, l'Espagne fonda en Amérique plus de mille cités. Conçues le plus souvent selon un plan en damier, elles s'organisaient autour d'une place centrale, et leurs monuments baroques affirmaient ainsi la puissance du nouveau pouvoir.

Cas unique dans l'histoire de l'architecture coloniale en Amérique latine, celui de Mexico, l'une des plus grandes villes du monde, puisque les Espagnols firent table rase de l'ancienne ville aztèque pour pouvoir élever leurs édifices en pierres récupérées des anciens temples. Fondée comme Mexico au XVIe siècle par les Espagnols, Veracruz a conservé le charme de ces villes coloniales regroupées autour de leur *zócalo,* la place principale où les journées s'étirent dans les cafés sous les arcades, ou sur leur *malecón,* la promenade qui longe la mer. Le Malecón est aussi pour La Havane, à Cuba, un lieu emblématique. Rongée par le sel et les ouragans, anachronique avec ses vieilles Chevrolet, elle fut l'un des ports les plus actifs au temps des conquistadores. Elle sort à peine d'un demi-siècle de slogans obsolètes qui menèrent à la ruine ses splendides demeures à colonnes, ses palais et ses églises baroques, ses palaces et ses bars... sans pourtant que jamais cette décrépitude ne vienne à bout de son énergie et de sa sensualité.
Quant à Cuzco, au Pérou, elle frappa tant les esprits des colons qu'ils conservèrent le plan général de la ville, se contentant de construire leurs édifices chrétiens et espagnols sur les fondations des bâtiments incas, mélange qui donne à la ville tout son charme. Celui d'Acapulco et de sa splendide baie, au Mexique, qui attira dans les années 1950 la jet-set américaine, n'appartient peut-être plus qu'au passé, tant son front de mer a été défiguré...

Vieilles rues coloniales [3] et places [1] font le charme de Cuzco.
[2] La place centrale, la Plazza de Armas, est bordée
en quasi-totalité de galeries à portiques.

1

2

3

De la cathédrale Notre-Dame-de-l'Assomption, située sur la Plaza de Armas [4] à Cuzco, une procession en hommage à la Vierge [6]. Elle fut édifiée au XVIe siècle en prélevant des pierres de la forteresse de Sacsayhuaman [5].

[Double page suivante] Une mer de tuiles enserrée de montagnes s'élevant à plus de 4 000 mètres d'altitude.

Entourée par 12 kilomètres de remparts, la vieille ville de Carthagène a conservé de belles façades baroques [1] et des maisons à arcades colorées, notamment sur la Plaza de los Coches, autrefois marché aux esclaves et fermée d'un côté par la Puerta del Reloj (porte de l'Horloge) [2].

3

4

[3] et [4] Balcons ouvragés, façades peintes, ruelles colorées croulant sous les bougainvillées, palais et églises baroques font de la vieille ville de Carthagène une cité magnifique où il fait bon se balader.

Le Capitole [2], le musée de la Révolution [3] – l'ancien palais présidentiel – et le palais Pedroso [4] comptent parmi les monuments les plus emblématiques de La Havane, tout comme la figure omniprésente de son héros national, José Martí [1].

La Havane, c'est aussi les cocos-taxis [7] et les cigares : ici, l'usine des Romeo y Julieta [6], la première marque à proposer le format Churchill en hommage à l'homme politique anglais. [5] L'une de ses rues les plus étonnantes, le Callejon de Hamel, avec murs colorés afro-cubains.

1

[1] et [2] Longtemps abandonnés, les immeubles de La Habana Vieja, le cœur historique de la ville classé au patrimoine de l'Unesco, retrouvent leur splendeur depuis quelques décennies. [Page de droite] Le Malecón, la promenade des Anglais de La Havane qui borde l'Atlantique sur 5 kilomètres, est le lieu de rendez-vous par excellence.

2

Odeurs tropicales et ambiance festive font le charme du vieux port de Veracruz [1] et [3] et de son *malecón*, la promenade qui longe le port protégé par la forteresse de San Juan de Ulúa [2].

[4] et [5] Éclatants de blancheur, le phare et l'élégant Palacio Municipal du XVIIe siècle situé sur le Zócalo, la place principale de Veracruz, où l'on se retrouve dans les cafés à l'ombre des arcades pour boire des *mojitos* (du rhum sur des feuilles de menthe) et écouter quelque vieille bamba.

Tradition et modernité pour la mégapole de Mexico [1] : des danseurs aztèques devant la cathédrale [2] et les gratte-ciel le long du Paseo de la Reforma [3], la rue la plus chère dans le Monopoly mexicain.

Construit au XVIe siècle à l'emplacement du palais de Moctezuma II, le palais National [5] est situé sur le Zócalo [6], immense place au cœur du centre historique de Mexico. [4] Au sud de la ville, le campus de l'Université nationale autonome du Mexique.

Sur le Paseo de la Reforma, l'avenue la plus longue de Mexico, la colonne de l'Ange de l'Indépendance et des gratte-ciel récents [2] et [page de droite]. Situé à proximité du palais des Beaux-Arts [1] (début du XXe siècle), le parc de la Alameda abrite le monument à Benito Juárez [3].

CENTRAL
ZOCALO

1

La baie d'Acapulco reste un site magnifique [1] et [3], même si le front de mer n'est plus vraiment ce qu'il était quand le fréquentaient les stars de Hollywood, les Liz Taylor ou les John Wayne ; ici, un groupe sculpté de Victor Salmones [2].

3

2

[4] Du haut des falaises de la Quebrada (38 mètres de haut), d'agiles plongeurs se jettent plusieurs fois par jour à heures fixes pour accéder à une crique étroite bordée de rochers : émotion garantie.
[5] Érigée sur le Zócalo en 1930, la cathédrale, d'une architecture originale.

Villes mythiques d'Asie

Vue de Pudong, le quartier des affaires ultramoderne et en permanente effervescence, la Shanghai de demain.

Chantiers gigantesques, tours rivalisant de hauteur, centres d'affaires en permanente effervescence, mais aussi églises baroques, bâtiments victoriens, maisons basses à cour carrée typiquement chinoises ou vieilles maisons en bois japonaises...

Si Macao, Hongkong, Shanghai et Pékin, en Chine, transformées en gigantesques chantiers, voient désormais s'élever dans leur ciel d'innombrables tours, elles ont conservé de leur passé, parfois in extremis, quelques témoignages architecturaux de leur histoire. À Macao, places à arcades, églises jésuites aux couleurs pastel et cimetières catholiques rappellent que la ville fut un comptoir portugais à partir de la fin du XVIe siècle. À Shanghai, le Bund aligne ses bâtisses coloniales Art déco des années 1930, tandis que, tout comme à Pékin, échappant de justesse à la chasse aux vieilleries lancée à partir des années Mao, certains quartiers de maisons basses et mitoyennes, organisées autour d'une cour intérieure et ouvertes sur un lacis de ruelles, coupent à l'empilement vertical et anonyme des tours : ici, des vieux s'absorbent dans des jeux de stratégie, et des boutiquiers côtoient des petits métiers...
Au Japon, mélange unique de traditions millénaires et de haute technologie, l'une des caractéristiques des mégalopoles est l'emboîtement de leurs espaces : il n'est pas rare de passer d'une vieille maison en bois, d'un autel shintoïste ou d'un temple bouddhique abritant un magnifique jardin zen à une tour en verre de plusieurs dizaines d'étages ou à une gare très controversée – celle de Kyoto.

Tradition et modernité

Même si Lhassa, au Tibet, fait désormais l'objet d'une campagne chinoise de constructions qui tend à la défigurer, elle continue de symboliser la culture tibétaine, comme en témoignent les centaines de personnes venant se prosterner devant le temple de Jokhang...

NEC

3 [1], [2] et [3] Véritable musée d'architecture contemporaine, le centre-ville de Shanghai, de jour comme de nuit, diffuse une impression de modernité presque déroutante.

Tout en zigzags, le pont aux Neuf Courbes [4] est aussi impressionnant que le Lupu Bridge [5], long de près de 4 kilomètres, véritable défi aux lois de la physique avec son arche unique d'une portée de 500 mètres. [6] À Nanshi, le quartier de la vieille ville de Shanghai qui offre l'aspect d'un village chinois du XIXe siècle, le City God Temple.

[1] et [2] Toujours dans la vieille ville de Shanghai, le jardin Yu, avec ses étangs et ses ponts surplombés de pavillons aux toits pointus et aux boiseries rouges…

[3] Devant une ligne d'horizon hérissée de gratte-ciel, nombre de Shangaïens se livrent sur le Bund à des exercices de santé millénaires.
[4] Encore des traditions avec la fête des Lanternes au City God Temple.

Vue sur le palais de l'empereur Qianlong dans la Cité interdite et sur la porte de la Paix céleste [1] qui donna son nom à la place Tian'anmen [2], et gros plan sur le temple Yonghegong [3], la plus grande lamasserie de Pékin de la fin du XVIIe siècle.

[1] Le Stade national, surnommé le « Nid d'oiseau », construit pour les jeux Olympiques de Pékin de 2008.
[2] Une architecture d'avant-garde dans le CBD, le Central Business District, contraste avec le Pékin traditionnel.

1

[1] Sur les tuiles d'arête de nombre de toits de la Cité interdite, à Pékin, des figurines en terre vernissée sont censées protéger les bâtiments des esprits malfaisants.
[2] Le bateau de marbre du palais d'Été, lieu de villégiature impériale aux portes de la ville.
[Page de droite] Une architecture ronde couverte de tuiles bleues symbolisant le ciel caractérise le hall des prières pour la récolte du temple du Ciel.

2

1

À Pékin, vélos et rickshaws sont omniprésents [1], comme au pied d'une maison de thé dans la rue des Antiquaires [3]. [2] et [4] Temples, ponts et somptueux jardins caractérisent le palais d'Été, ici le pont aux Dix-Sept Arches.

2

3

4

5

6

Croyances et pratiques religieuses ont résisté aux décennies communistes à Pékin : temple bouddhiste tibétain de Yonghe [5] et église catholique Saint-Joseph [6].
[7] Jiankou, la partie la plus spectaculaire de la Grande Muraille, avec ses crêtes escarpées et ses escaliers vertigineux.

7

À Hong Kong, vues sur le quartier de Wanchai [3] et sur l'une des nombreuses rues commerçantes en pleine effervescence de Mong Kok, à Kowloon [1]. [2] Les restaurants flottants dans le port d'Aberdeen, au sud de l'île de Hongkong. [Page de droite] Une jonque traditionnelle se détache sur un mur de gratte-ciel : la mégapole chinoise en compte plus de 7 000.

CONRAD
RENESAS
DUK LING

[1] Le récent Kowloon Walled City Park de Hongkong abrite jardins et pavillons, ici le pavillon chinois.
Des tramways traversent les quartiers d'affaires, tels Central sur l'île Victoria [3] et le Two International Finance Centre [2] conçu par Cesar Pelli, dont les 415 mètres font l'une des plus hautes tours du monde.

4

5

À Hongkong, des tours, et encore des tours : la Bank of China, due à Pei, l'architecte de la pyramide du Louvre [4] ; un mélange d'architecture moderne et traditionnelle [5] ; et, sur fond de gratte-ciel, un jardin inspiré des jardins traditionnels de l'époque Tang, le jardin de Nan Lian, à Kowloon [6].

6

Un monde radicalement différent, les nouveaux casinos [1] du centre-ville de Macao dont les rues commerçantes grouillent de vie [2] et [5].

Vestiges de l'administration portugaise pendant 400 ans à Macao : les balcons colorés de la vieille ville coloniale [3] et la façade admirablement sculptée de l'église ruinée de Saint-Paul [4], qui fut élevée par les jésuites à la fin du XVIe siècle, à l'époque la plus grande église catholique d'Asie.

1

[Page de droite] L'imperturbable mont Fuji s'élève au-delà des faubourgs de Tokyo. Deux vues de la ville : les remparts du Palais impérial [1] et, dans le quartier d'Asakusa particulièrement riche en édifices religieux, la Nakamise Dori [2], rue commerçante très touristique.

2

1

2

À Tokyo, des tours diverses et variées : la tour Tower en aluminium blanc et verre bleu dessinée par Tange [1] et la tour de Tokyo [2] et [4], avec ses airs de tour Eiffel que l'on aurait peinte en rouge et blanc, et qu'elle dépasse de quelques mètres !
[3] Le quartier d'affaires de Shinjuku.

3

4

5

[5] Enjambant la baie de Tokyo, le Rainbow Bridge.
Quoi de commun entre la rue commerçante ultramoderne de Ginza [6], une habitation modeste plus traditionnelle à Shinjuku [7] et le paisible parc de Ueno réputé pour ses nombreux musées [8] ?

6

7

8

1

2

3

Avec ses 2 000 temples, ses palais, ses jardins zen et son architecture, Kyoto est le centre culturel du Japon. Allée des Lanternes en pierre menant au temple shintoïste de Kasuga Taisha [1], temple Kinkakuji, appelé temple d'Or [2], reconstruit à l'identique après qu'il eut été incendié en 1950, comme le raconta Mishima dans *Le Pavillon d'or.*

4

[3] et [4] Le temple bouddhique Kiyomizudera, à Kyoto.
[5] Dans l'ancien quartier de Gion, les maisons en bois donnent une bonne idée de la ville à l'époque Edo.

5

[1] À Nara, le temple shintoïste
d'Hachimangu.
[2] Rangées opulentes
de plants de thé dévalant la colline.

Deux temples de Nara : l'Horyu-ji [3], dont les bâtiments les plus anciens sont considérés comme les plus vieilles constructions en bois du monde, et le Todai-ji, le plus ambitieux complexe religieux construit dans les premiers siècles du bouddhisme au Japon [4].

3

4

1

[2] et [4] Au Tibet, à Lhassa,
l'une des villes les plus élevées
du monde (3 650 mètres),
vue sur le monastère de Jokhang
se détachant sur une crête de montagnes
qui barrent l'horizon à 5 000 mètres.

2

3

4

Le monastère de Jokhang [3] et [5] et le palais du Potala [1], à Lhassa, eurent une importance inestimable dans l'histoire du bouddhisme et de son rayonnement au Tibet comme dans le reste du monde.

5

Sur un des ghâts de Bénarès, un homme accomplit une puja, un rite d'adoration consistant à offrir aux dieux des fleurs, du riz, des fruits, de l'encens...

Des villes hautes en couleur

Camions multicolores, automobiles, carrioles, voitures à bras, taxis-scooters pétaradants, bicyclettes, chars à bœufs, rickshaws... confèrent aux villes du sous-continent indien une vie étourdissante, qui anime un patrimoine architectural souvent époustouflant.

En Inde, nombre de villes du Rajasthan, auxquelles il faut ajouter Delhi et aussi Lahore, au Pakistan, furent profondément marquées par le règne des grands souverains moghols, soit qu'elles aient été choisies par eux comme capitales, soit que leurs princes, à l'abri de leurs enceintes et de leurs palais fastueux, aient eu à lutter contre ces empereurs tout-puissants. Cité de tous les contrastes, turbulente et spectaculaire, Calcutta, longtemps la ville des mouroirs de Mère Teresa, mérite que l'on s'y attarde pour son architecture d'inspiration européenne, et notamment victorienne, tout comme Bombay, patrie de Bollywood et mégalopole indienne la plus peuplée et la plus dynamique, comme en témoignent les gratte-ciel de la presqu'île de Colaba. Sainte parmi les saintes et tout entière tournée vers le Gange, Bénarès attire chaque jour sur ses *ghâts* – une centaine de quais pavés prolongés par des escaliers qui descendent jusqu'au fleuve – brahmanes bénissant les fidèles après leurs ablutions, yogis perdus dans leur méditation, familles en deuil venues rendre ici à leurs défunts le dernier hommage de la crémation rituelle. Navire amiral des comptoirs français de l'Inde, Pondichéry a conservé sa statue de Jeanne d'Arc et ses maisons créoles dans sa paisible ville blanche, toujours séparée de la grouillante ville indigène par un étroit canal. Au Népal, enfin, malgré une urbanisation galopante, le centre historique de Katmandou continue de fasciner les enfants ou les petits-enfants des hippies qui, dans les années 1960, gagnèrent l'un des paradis les plus célèbres du monde...

Capitale politique et religieuse du Népal, Katmandou abrite dans sa vieille ville [3] de nombreux palais et temples bouddhistes et hindous.
[1] Une cérémonie de crémation au port de la rivière Bagmati, devant le temple Pashupatinath.
[2] Le lac artificiel de Rani Pokhari (bassin de la Reine) et la tour de l'Horloge.

Le temple Maju Deval [4] dédié à Shiva et le temple de Krishna Mandir [5] à Katmandou.

[1] Dans la vieille ville de Katmandou, un *sâdhu* (du sanskrit « saint homme ») se nourrissant des dons qu'on veut bien lui faire.
[2] Une femme contre ses étals de fruits.
[3] et [page de droite] Le temple de Pashupatinath, dédié à Shiva, est considéré par les hindous comme un des lieux les plus sacrés du Népal : pèlerins et *sâdhus* y affluent chaque jour. Temple et lieux de crémation sont interdits aux non-hindouistes.

Bombay, la capitale économique de l'Inde, abrite quartiers populaires [2] et joyaux d'architecture inspirés des styles européens : style gothique pour l'université [1] et [7], victorien pour la gare de Victoria Terminus [6] et pour le mythique hôtel *Taj Mahal* [3] dont le livre d'or nous assure qu'il accueillit Nehru, Gandhi, Aldous Huxley, Duke Ellington...

2

1

3

4

5

Le musée Prince of Wales de Bombay est l'un des plus grands d'Inde [4]. Le long de la mer d'Oman, la promenade de Marine Drive attire nombre de flâneurs [5].

6

7

1

En Inde, les *dhobis* sont les membres de la caste inférieure des blanchisseurs : ceux des laveries de Mahalaxmi [page de droite], à Bombay, sont plusieurs milliers à travailler au coude-à-coude les pieds dans l'eau des heures durant, tapant des montagnes de vêtements dans plus de mille cuves de pierre à ciel ouvert avant de les rendre repassés. Sur la plage, des enfants [2] et, devant l'hôtel *Taj Mahal*, un taxi [1].

2

1

2

Calcutta semble asphyxiée par la circulation et la population dans ses rues bondées [1] et [double page suivante] et sur ses ponts : le pont d'Howrah [3] est l'un des plus fréquentés du monde, à la fois par les voitures et les piétons.

3

4

À côté d'édifices imposants, comme ceux de la Jawaharial Nehru Road [6] ou le Victoria Memorial [5], Calcutta offre certains aspects de son visage quotidien dans des espaces plus modestes tels le New Market [2] ou un marché aux fleurs [4].

6

5

[1] À Delhi, le temple Laxmi Narayan.
[2] La grande mosquée Jama Masjid, flanquée de ses deux très hauts minarets et de ses trois dômes bulbeux en marbre blanc strié de marbre noir.
[3] Avenue Rajpath, le quartier administratif.

À Delhi, le mausolée d'Isa Khan [4], chef de la résistance locale contre les Moghols au XVIe siècle, et l'impressionnant temple du Lotus dédié au bahaïsme [5].

1

2

3

Delhi devient capitale au XVIIe siècle par la volonté de l'empereur moghol Shah Jahan qui fait édifier le Fort Rouge [1].
Celui-ci abrite de nombreux monuments, tel le Diwan-i-Khas, la salle des audiences privées [3].
[2] et [4] La mosquée Jama Masjid.

4

5

6

7

8

À Delhi, le tombeau d'un autre empereur moghol, Humayun [5], le célèbre temple hindouiste de Laxminarayan [6] et le Qutb minar [7] et [8], « tour de la Victoire », un minaret indien en grès rouge orné de motifs décoratifs géométriques et de versets calligraphiés du Coran.

1

2

3

[1] et [3] Jodhpur est communément appelée la « ville bleue », car nombre de ses maisons ont été peintes de cette couleur, le bleu indiquant qu'elles appartenaient à l'origine à des brahmanes, et offrant aussi l'avantage de protéger de la chaleur et des moustiques. [2] Dans le Rajasthan, Jodhpur est corsetée par une muraille percée de sept portes qui remonte au milieu du XVIe siècle. [Page de droite] La ville est dominée par le fort de Mehrangarh et le mausolée de marbre blanc de Jaswant Thanda, où fut incinéré le maharadjah du même nom à la fin du XIXe siècle.

[1] Tel un nid d'aigle dominant la vieille ville de Jodhpur du haut de ses 135 mètres, le fort de Mehrangarh, édifié au XVe siècle, fut pendant des siècles le siège du pouvoir rajput dans la région.
[2] Dans la ville, la tour de l'Horloge.

[3] et [4] Dans ses venelles tortueuses, la vieille ville de Jodhpur recèle des dizaines de petites cours bordées de maisons colorées à dominante bleue.

[1] et [page de droite] Couleur omniprésente, le bleu s'affiche partout : sur les murs, sur les toits, sur les arcades polylobées.
[2] Riche d'histoire et de culture, Jodhpur se prête volontiers à la flânerie et à la balade le long de ses ruelles.

1

[2] et [4] Jaipur, la capitale du Rajasthan, était protégée par le fort d'Amber, véritable ville installée à une dizaine de kilomètres de là à flanc de montagne.

2

3

À Jaipur même, le City Palace est constitué d'une succession de cours et de petits palais [3] et [5], au nombre desquels il faut compter le fameux « palais des Vents » [1], immense façade de grès rose ornée de fenêtres en saillie qui permettaient aux femmes de contempler la rue sans se faire voir.
[6] La vieille ville ne manque pas de charme.

1

À Jaipur, des éléphants [1] se baignent ou défilent, parés, devant le « palais des Vents » [2].

3

4

5

Le fort d'Amber [3] et [4]
et le City Palace [5] de Jaipur, toujours occupé
par le maharadja et sa famille.

Le fort Rouge d'Agra [3] abrite une architecture de marbre blanc, telle la salle des audiences privées [page de droite].
[1] et [2] Le mausolée édifié par Shah Jahan pour sa femme témoigne du raffinement de la cour des Moghols au XVIIe siècle.

1

2

Une église du Sacré-Cœur [1] et une statue de Jeanne d'Arc [2] à Pondichéry [3], en Inde, au bord du golfe du Bengale, témoignent de la longue présence française.

3

Une inscription, « Instruction publique », au fronton d'une école [4] et le consulat français [5] évoquent les rêves d'une Inde française à partir du règne de Louis XV.

5

[1] À proximité d'Udaipur, l'un des temples de Ranakpur.
[2] et [5] Le City Palace d'Udaipur, au bord du lac Pichola, créé au XVIe siècle et qui depuis n'a cessé d'être agrandi, abrite un labyrinthe de palais.

[4] À Udaipur, dans le City Palace, se trouve également l'un des plus grands temples dédiés à Vishnou du nord de l'Inde, le temple de Jagdish.
[3] Enfin, à 2 kilomètres de la ville, quelque 250 tombes de maharajahs se serrent à Ahar.

[1] et [2] Bordée de plusieurs lacs, dont le lac Pichola, la ville d'Udaipur offre de magnifiques ghâts.

[3] Certains de ces ghâts, tel le Naoghât, sont bordés de somptueux palais.
[4] On aperçoit ici, en arrière-plan, le City Palace.

[1] À Udaipur, une embarcation traditionnelle sur le lac Pichola.
[2] Dans les rues de la vieille ville, un éléphant et son cornac.

[3] Un éléphant de pierre du temple de Jagdish à Udaipur, à la décoration sculptée foisonnante et situé depuis le XVIIe siècle sur les hauteurs de la ville. [4] et [5] Des maisons blanches décorées de motifs géométriques ou figuratifs naïfs, personnages et tigres.

3

4

5

Ville sainte tout entière tournée vers le Gange, le fleuve sacré entre tous, Bénarès compte une centaine de ghâts, qui servent aussi bien aux ablutions ou bains rituels qu'aux crémations. Certains ascètes viennent y pratiquer le yoga ou diverses formes de méditation. Se baigner dans les eaux du Gange, c'est se laver de tous ses péchés.

SHIV GANGA SILK FACTORY

[1], [2] et [3] À Lahore, au Pakistan, la mosquée Badshahi (XVIIe siècle) témoigne de l'apogée de la ville durant l'Empire moghol et continue de compter parmi les plus grandes mosquées du monde.

3

[4] Le Minar-e-Pakistan, grand minaret du XXe siècle, attire nombre de visiteurs, car il a été élevé là où les musulmans obtinrent la promesse que serait créé le Pakistan. [5] et [6] Dans les rues de Lahore, tous les moyens de locomotion sont bons...

4

5

6

Dans les steppes d'Asie centrale

En Ouzbékistan, les murailles de terre sèche ondulent pour encercler la « Ville intérieure », l'*Itchan Qala*, de Khiva, le cœur restauré de la cité caravanière.

À la croisée des mondes russe, chinois et musulman, les villes mythiques d'Ouzbékistan et d'Iran héritent d'une histoire épique. Malgré les soubresauts de l'histoire, elles ont conservé l'unique éclat de leurs édifices aux mosaïques incomparables.

Guerrier sans pitié qui mit une partie du monde à ses pieds, mais aussi prince esthète, Tamerlan décida de faire de Samarkand, en Ouzbékistan, une capitale sans pareille, « la face la plus belle que la Terre ait jamais tournée vers le Soleil ». Mosquées, madrasa, mausolées, nécropoles et caravansérails coiffés de coupoles émaillées se couvrent alors d'un fastueux décor de céramiques offrant une infinité de motifs végétaux et géométriques dans une extravagante palette de bleus. Les grands bandeaux épigraphiques qui courent à la base des coupoles ou sur les murs entrelacent des calligraphies célébrant la grandeur de Tamerlan et de ses descendants, mais surtout la gloire d'Allah et de son prophète : ainsi sur l'une des plus belles places du monde, celle du Registan à Samarkand, où s'élèvent trois somptueuses madrasa disposées en U. Plus à l'ouest, offrant les mêmes trésors d'architecture, les silhouettes de Khiva, à l'abri de ses murailles en terre sèche, et de Boukhara paraissent sortir tout droit des *Mille et Une Nuits*.
Au sud-ouest de l'Ouzbékistan, en Iran, Ispahan est l'œuvre d'un seul homme, Abbas Ier le Grand, quand, à la fin du XVIe siècle, il décida d'élever la ville au rang de capitale. Si elle n'est plus, comme on l'appelait alors, « la moitié du monde », les délicates faïences bleues des édifices religieux, le vaste bazar, les ponts majestueux et les maisons de thé en font toujours un joyau de l'ancienne Perse.

À l'intérieur des murs de terre de Khiva [5], une avalanche de bâtiments en brique ponctués de bandes de céramiques décline une infinie variété de bleus, du turquoise le plus franc au bleu le plus profond [1].

1

2

3

[2] À khiva, le minaret d'Islam Khodja.
[3] Le Kalta Minor (le minaret court).
[4] La madrasa Rakhim Khan.

1

Autre joyau perdu également en Asie centrale, Boukhara, où l'architecture est comparable à celle de Khiva : Tchor Minor [1], étrange édifice qui est l'entrée imposante d'une madrasa ruinée et la madrasa Mir-i-Arab avec à droite le minaret Kalan [2] et [3].

2

3

[4] L'entrée de la citadelle,
ancienne résidence des émirs de Boukhara.
[5] Le mausolée Bakhaouddhin Nakhchbandi.
[6] Les vestiges des remparts avec
une porte reconstituée.

4

5

6

1

3

2

L'une des plus belles places du monde est située à Samarkand qui, comme Boukhara, était sur la route de la soie [1] : c'est la place du Registan [3] où sont disposées face à face deux madrasa et, au fond, une mosquée. Coupoles émaillées, portiques sculptés, mosaïques polychromes à dominante bleue : la nécropole de Chah i-Zindah [page de droite] concentre toutes les beautés de l'art timouride, né sous le règne de Tamerlan qui repose sous le dôme à côtes du Gur-i-mir [2].

[1] Née des traditions islamique et perse, Ispahan fut, au XVIIe siècle, la capitale des Séfévides.
[2] Joyau architectural de la ville, la Meydan-e Chah, l'une des plus belles places du monde.

3

4

[3] et [4] La Meydan-e Chah est flanquée de deux mosquées pourvues de minarets élancés, de portails monumentaux et de coupoles où chaque centimètre carré est orné d'un entrelacs de motifs floraux et géométriques.

[1] La mosquée du Vendredi à Ispahan.
[2] La coupole brun et or et la façade bleue de la mosquée de Sheikh Lotfollah sont à couper le souffle.
[3] Avec ses deux niveaux d'arcades et ses deux pavillons centraux, le pont Khaju est un modèle d'harmonie.

[4] À Ispahan, gros plan
sur la madrasa Tchahar Bagh
[5] Les galeries marchandes
de la place de l'Imam.
[6] Plus récent, le mausolée de Shah Reza.

L'impressionnant building qui abrite l'hôtel *Burj al-Arab*, à Dubai.

Cités du Proche-Orient

Villes saintes vénérées par des générations et des générations de croyants, métropoles futuristes sorties de terre comme par miracle, cités anciennes pétries des civilisations qui les façonnèrent au fil du temps, villes de tous les contrastes...

Comme La Mecque (Arabie saoudite), ville sainte la plus sacrée de l'islam, Jérusalem (Palestine), « capitale de l'Éternité », est hors du temps : marcher sur le mont des Oliviers ou dans la vieille ville abritée derrière son impressionnante muraille due à Saladin, c'est se promener dans les textes sacrés et l'histoire douloureuse des trois monothéismes qui la considèrent comme leur. Non loin de là, en Syrie, Damas et Alep, installées sur des cités antiques, abritent chacune une vieille ville avec mosquées, madrasa, khans, hôpitaux et palais imbriqués dans des souks aux senteurs d'épices et de parfums. Encore un peu plus au nord, à la croisée de l'Asie et de l'Europe, Istanbul, en Turquie, conserve la marque de trois empires – romain, byzantin et ottoman : une basilique considérée comme l'un des joyaux du christianisme, quelques-unes des plus belles mosquées du monde, de somptueux palais en marbre et des caravansérails ottomans, labyrinthiques cavernes d'Ali Baba. L'un des trésors du Yémen, ce sont ses villes de Sanaa et de Shibam, où de nombreuses mosquées pointant leurs minarets au-dessus de maisons-tours bâties selon des méthodes traditionnelles séculaires justifient leur appellation de « Perle du désert » et de « Manhattan du désert ».
Résolument tournées vers l'avenir, Abu Dhabi et Dubai (Émirats arabes unis) présentent une forêt de gratte-ciel et un festival d'architecture futuriste qui ne craint pas les excès : la Burj Khalifa, la plus haute tour du monde, inaugurée en 2010, construite en huit ans par 12 000 ouvriers et qui compte plus de cent soixante étages, s'élève à 828 mètres, presque trois fois la hauteur de la tour Eiffel...

Le déluge d'architecture futuriste récente témoigne du dynamisme commercial de Dubai : l'hôtel Jumeira Beach [1], les gratte-ciel le long de la Cheik Zayed Road [2] et Palm Island, une île artificielle en forme de palmier construite sur la mer [3]...

[5] Si Dubai ambitionne de surpasser Hongkong en matière financière, elle rêve aussi d'éblouir le monde entier par son audace architecturale : ici les Emirates Towers [4] et la Burj Dubai [6], la plus haute tour du monde au moment de sa construction.

[1] Deux tours jumelles dans le centre d'affaires de Dubai, la « Hongkong du Proche-Orient ».

La vue aérienne de Dubai [2], l'hôtel *Royal Mirage* [3] et la Dubai Creek [4] attestent que la ville fut pendant quelques décennies un gigantesque chantier, jusqu'à ce que la crise financière, à partir de l'été 2007, vienne calmer les esprits.

3

4

1

[1] à [5] Cité insulaire séparée de la côte par une étroite lagune, Abu Dhabi est un festival d'architecture contemporaine où transparaissent, au milieu des audaces les plus folles, quelques motifs issus de la tradition, tels que des tours qui évoquent les minarets par exemple.

2

3

4

[Double page suivante] C'est vers La Mecque, où convergent chaque année quelque 2 millions de pèlerins, que sont orientées toutes les mosquées du monde et que se tournent, cinq fois par jour, les musulmans en prière.

5

1

2

3

Revendiquée par les trois monothéismes, Jérusalem à l'abri derrière ses portes : ici la porte de Damas [3], le Dôme du Rocher [1] et [2] et juste en contrebas le Mur des lamentations [2].

Deux monuments chrétiens : le Saint-Sépulcre [1], sur le lieu présumé de la tombe du Christ, et l'église russe Sainte-Marie Madeleine [2].
[3] Dominant la ville, la citadelle où des fortifications successives se sont superposées pendant plus de 20 siècles.

1

2

3

[1] Dans le quartier juif de la vieille ville de Jérusalem, la synagogue Ramban.
[3] Sur la pente occidentale du mont des Oliviers, la vallée du Cédron et ses tombeaux.
[2] et [page de droite] Au cœur de la vieille ville, l'esplanade des mosquées et le Dôme du Rocher.

1

2 Vue aérienne de la ville de Damas en Syrie [2] et son chef-d'œuvre : la mosquée des Omeyyades [1].

La mosquée des Omeyyades à Damas est l'une des plus vénérées de l'islam, édifiée au début du VIIIe siècle, où des influences byzantines dans l'architecture comme dans la décoration se mêlent aux exigences du culte musulman et à certains thèmes venus d'Orient. Les quelques mosaïques qui ont été conservées en disent long sur la beauté qui devait être celle des portiques bordant la cour.

La vieille ville de Sanaa, au Yémen,
véritable musée à ciel ouvert,
a su conserver quasiment intactes
ses quelques milliers de maisons-tours.

À Sanaa, au charme des maisons traditionnelles, avec leurs frises géométriques blanches, leurs fenêtres décorées et leurs moucharabiehs, s'ajoute celui des souks colorés et odoriférants.

Dans le sud du Yémen, à l'intérieur de son enceinte de terre, la vieille ville de Shibam forme un ensemble resserré de plusieurs centaines de « gratte-ciel » de cinq à sept étages qui lui ont valu le surnom bien mérité de « Manhattan du désert ».

À Shibam, de manière que les toits arrivent tous au même niveau, le nombre des étages varie en fonction de la hauteur du tertre sur lequel repose chaque maison.

Coupoles et minarets dominent la ville d'Istanbul : Sainte-Sophie [1], ancienne basilique chrétienne devenue mosquée au XVe siècle et désormais musée, et la mosquée de Soliman le Magnifique [2] conçue par le grand architecte Sinan un siècle plus tard.
[Page de droite] Du début du XXe siècle, la gare de Haydarpasa Istasyonu de style néoclassique.

İSTANBUL
ANKARA
5 SAAT
HAYDARPAŞA

1

2

On ne compte plus à Istanbul les chefs-d'œuvre d'architecture qui pour la plupart occupent de superbes sites sur le Bosphore : la mosquée d'Ortaköy [1] ; le palais de Dolmabahce, dernière résidence du sultan [2] ; les maisons en bois peintes du quartier d'Arnavutköy où l'on peut déguster des poissons [3] ; le palais ottoman de Ciragan [4] reconverti en hôtel de luxe.

3

4

La Mosquée bleue [5], du début du XVIIe siècle, dont on aperçoit les minarets hauts et étroits derrière l'obélisque [6], à Istanbul.
[7] Sainte-Sophie.

Le temple bouddhique Wat Arun, sur la rive droite de la Chao Phraya en face de Bangkok, en Thaïlande.

Aux antipodes de la vieille Europe

En Asie du Sud-Est, une ville-musée, Angkor, longtemps enfouie sous une végétation luxuriante, et trois cités écartelées entre modernité conquérante et tradition tenace... En Australie, deux villes vieilles de deux siècles tournées vers le futur.

Angkor, au Cambodge, fut la plus grande cité médiévale du monde : sur une surface grande comme dix fois Paris intra-muros, les rois de la brillante civilisation khmère firent construire de somptueux édifices, dont les vestiges, longtemps abandonnés, durent être arrachés à une végétation luxuriante. Véritable emblème national, elle est présente sur le drapeau du pays et a donné son nom à une bière locale. Kuala Lumpur, en Malaisie, et Singapour font se côtoyer leurs gratte-ciel avec leurs quartiers traditionnels chinois, indien, malais et anglais, héritage de leur passé récent : c'est la ruée vers l'étain, au milieu du XIXe siècle, qui fit naître Kuala Lumpur, « confluent boueux », et Singapour prit son essor quand elle fut achetée par les Britaniques au début de ce même siècle. Aspirée par son ambition, Bangkok, en Thaïlande, la Venise de l'Orient qui vivait au bord de ses canaux, se complaît désormais dans les lignes verticales. Pourtant, les silhouettes des temples et du palais royal, les maisons de teck du début du XXe siècle, les quelques vieux quartiers de maisons en bois sur pilotis ayant échappé aux bulldozers et leurs marchés redonnent vie à cette « Cité des Anges »...
À Melbourne et à Sydney, en Australie, immeubles et entrepôts du XIXe siècle côtoient des tours géantes de verre, d'aluminium et de béton, souvent d'une grande beauté. À Sydney, l'Opéra, édifice aux formes audacieuses qui fit couler beaucoup d'encre, et le Harbour Bridge, qui enjambe la magnifique baie, sont devenus les emblèmes de la ville.

1

2

3

À Kuala Lumpur, qui signifie « confluent boueux », tradition et modernité s'expriment de concert. La mosquée du Vendredi, construite à l'endroit précis où, selon la tradition, les fondateurs de la future capitale malaise foulèrent le sol pour la première fois [1], le palais du sultan Abdul Samad dans Merdeka Square [2] et [3].

Le modernisme de Kuala Lumpur frappe particulièrement dans le Golden Triangle, quartier de buildings ultramodernes, dont les fameuses tours jumelles Petronas dues à Pelli et reliées par une passerelle d'acier.

À Bangkok, capitale de la Thaïlande, où il fait bon se déplacer en tuk-tuk [3] ou en bateau traditionnel [1] le long des *khlongs* (« canaux »), l'architecture thaïe trouve sa plus belle expression dans les quelque quatre cents temples [5] fréquentés par leurs moines bouddhistes drapés d'orange, tels le Wat Pô [2] ou le Wat Suthat [6], particulièrement prestigieux.

[4] et [7] À Bangkok, à l'intérieur du palais royal, protégé par sa muraille crénelée sur près de 2 kilomètres, se trouve le sanctuaire Wat Phra Keo.

6

5

7

1

Les superpositions de toits de tuiles vernissées, les incrustations de porcelaine et de nacre, les portes laquées, les statues dorées et polychromes, les peintures murales, caractérisent la plupart des temples thaïs : vues du palais royal [1], à Bangkok, et de la salle d'ordination du Wat Benjamabophit [2], « temple de Marbre », entouré de jardins exquis. [Page de droite] Au Wat Phra Keo, un géant du *Ramakien*, version thaïe du *Ramayana* où s'affrontent au cours de mille péripéties le bien et le mal.

2

Entre le IXe et le XIVe siècle, les rois cambodgiens successifs installèrent leur capitale dans la région d'Angkor, où ils construisirent temples et autres bâtiments. Aujourd'hui, une quarantaine de sites, distants de plusieurs dizaines de kilomètres, sont disséminés dans cette zone où une végétation luxuriante menace leur existence : porte nord d'Angkor Thom [2] et Angkor Vat [1] et [3].

1

2

3

À Angkor, les temples de Pre Rup [4], de Ta Prohm [5] et de Banteay Kdei [6], œuvre non en l'honneur d'un souverain mais du Jira, un prophète.

4

5

6

1

Vue de la terrasse des Éléphants [1] et sur l'entrée nord d'Angkor Thom [3], l'ancienne capitale construite par Jayavarman VII à Angkor.

2

3

[2], [4] et [double page suivante] Le plan général d'Angkor Vat, la « cité-monastère » en français, édifié par Suryavarman II au début du XIIe siècle, est une succession de quadrilatères emboîtés formant une pyramide à trois étages : seuls les prêtres accédaient aux deux niveaux supérieurs. Ce temple-montagne symbolise les sommets du mont Meru, où résident les dieux.

4

[1], [2] et [5] À côté d'un quartier d'affaires ultramoderne qui pourrait être celui de New York ou de Hongkong, de vieux quartiers menacés de démolition ont été rénovés, à Singapour, à grand renfort de millions de dollars.

Le quartier arabe et la mosquée du Sultan [4], le Chinatown de Singapour, où l'on retrouve la Chine populaire et ses petits métiers [3], autant d'univers intrigants et fascinants.

1

2

L'ancien quartier colonial de Singapour [1] côtoie de hautes tours tandis que des bateaux destinés aux touristes permettent de circuler autour de l'île principale, à laquelle s'ajoutent une petite soixantaine d'îlots [2].

Des enfants figés à jamais dans leur gangue métallique semblent plonger du quai [3], tandis que des cyclo-pousse attendent patiemment le client devant le temple de la Dent de Bouddha à Singapour [4].

[1] Federation Square, à Melbourne, en Australie. Quelques monuments du XIXe siècle : la gare de Flinders Street [2] et la cathédrale catholique Saint-Patrick [5].

4

Des exemples d'une architecture d'avant-garde à Melbourne : le centre-ville au bord du fleuve Yarra [3], la tour Eureka [4], la plus haute tour de la ville, et le pont Webb [6], dans le quartier des docks.

5

6

1

[2] Véritable emblème
de la modernité de la ville,
l'Opéra de Sydney,
avec ses toits blancs telles
des coques emboîtées
évoquant des voiles ou
des coquillages gigantesques,
s'inscrit parfaitement dans
le paysage marin.

2

3

Sydney, c'est aussi, vu du ciel, une splendide baie où viennent mouiller d'innombrables voiliers [3], l'éclat des tours de verre et d'aluminium du centre [1] et [4] et son monorail aérien [5].

Villes mythiques d'Europe du Nord

Commanditée au début du XVIIIe siècle par Charles VI alors que la peste ravageait Vienne, la Karlskirche, dédiée à saint Charles Borromée pour son dévouement lors d'une épidémie de peste au XVIe siècle.

Si l'on en juge par la liste des villes allemandes et autrichiennes classées au patrimoine de l'Unesco, le prestige de nombre d'entre elles impose de les fréquenter assidûment... Car, si certaines conservent le charme des cités alanguies, d'autres témoignent d'une incroyable vitalité.

Au cœur du monde germanique

Profondément touchée par les bombardements durant la Seconde Guerre mondiale et les démolitions d'après-guerre, puis divisée en deux pendant quarante ans, Berlin, en Allemagne, a retrouvé son énergie depuis la chute du mur, en 1989. Elle se transforma alors en un gigantesque chantier pour rénover de nombreux quartiers délabrés de l'ancien Berlin-Est et commander aux architectes les plus innovants des édifices dignes du XXIe siècle. À quelques kilomètres au sud-ouest, Potsdam est connue pour les prestigieux monuments qu'y fit construire au XVIIIe siècle le francophile Frédéric II de Prusse, notamment le château rococo de Sans-Souci, le Versailles prussien. Qualifiée de « capitale secrète de l'Allemagne », Munich collectionne les atouts : de splendides édifices anciens, d'excellents musées et une joie de vivre très sensible lors de l'Oktoberfest, festival de quinze jours durant lesquels sont liquidés près de 5 millions de litres de bière !

En Autriche, si Vienne s'enorgueillit de ses valses et de ses gâteaux crémeux, de ses cafés et de ses peintres, de ses bâtiments sécession et de son psychanalyste, de ses écrivains et de son Graben, Salzbourg ne semble exister que pour glorifier son enfant unique, Mozart. Cernée de montagnes et de lacs, couverte d'églises et de palais, la cité princière, qui tira sa richesse et son indépendance du sel, comme son nom l'indique, mérite que l'on s'y attarde...

VOTA MEA REDDAM IN CONSPECTV

[1] À Vienne, la cathédrale Saint-Étienne mêle quelques éléments romans à un chœur et à une nef gothiques.
[2] Néo-gothique, la Votivkirche fut construite sur les lieux de l'attentat à coups de couteau contre l'empereur François-Joseph.

3

L'un des deux pavillons de la Karlplatz, anciennes stations de métro dessinées par l'architecte Otto Wagner [4], est l'un des nombreux édifices Art nouveau de Vienne. Sorti de terre en 1985, la Hundertwasserhaus [3] est un immeuble d'habitation dont l'originalité continue de susciter bien des discussions.

4

[1] Le Belvédère supérieur, à Vienne.
[2] Autre emblème de la ville : le mémorial consacré à Johann II Strauss, l'auteur des valses… viennoises.
[3] Une cabine téléphonique aux airs britanniques, devant la Hundertwasserhaus.

[5] et [7] Dans le quartier des musées à Vienne, le musée d'Histoire naturelle.
[6] Dans les jardins du château de Schönbrunn, la palmeraie, imposante serre qui conserve, depuis les années 1880, une vaste collection de plantes tropicales.

[double page suivante] En dehors de Vienne, Schönbrunn est un somptueux palais d'été baroque bâti à partir de 1696 et influencé par Versailles, la référence pour l'Europe d'alors.

[1] Avec le festival qui lui est consacré, Mozart est partout présent à Salzbourg : ici sa statue, sur sa place.
Dominant la ville qui abrite le château Mirabell et ses ravissants jardins [3], la forteresse de Hohensalzbourg [2].

Outre la profusion de dômes et de tours qui émergent de la ville de Salzbourg [6], les châteaux et leurs somptueux jardins sont nombreux : celui de Hellbrunn [4] et même celui de Leopoldskron [5] où fut tournée *La Mélodie du bonheur*...

À Berlin, l'imposante cathédrale [2] et deux vues du Reichstag [1] et [3] : considérablement endommagé il fut reconstruit à partir des années 1970, y compris, après la réunification, sa coupole de verre.

[4] Sur la célèbre avenue *Unter den Linden*, « sous les tilleuls », tracée au XVIIe siècle, à Berlin, la statue équestre de Frédéric II, le très francophile roi de Prusse qui fit venir à sa cour Voltaire et qui incarna l'idéal du despote éclairé.
[5] Une façade peinte dans le quartier de Kreuzberg.

Berlin, c'est aussi la créativité tous azimuts : des tags [2] ornent la ville, dessinés ici sur les restes du Mur, côté est [1].

On trouve aussi à Berlin des sculptures contemporaines, dont certaines sont monumentales : celle des époux Matschinsky-Denninghoff intitulée *Berlin* [3], constituée de tubulures en aluminium, et l'imposante sculpture en bronze de Henry Moore, *Divided Oval : Butterfly* [4], au pied de la Maison des cultures du monde, dont le toit est surnommée « l'huître pleine ».

3

4

[1] Le *Rotes Rathaus*, l'« hôtel de ville rouge » à Berlin, ainsi dénommé en raison du matériau utilisé, la brique, datant du milieu du XIXe siècle.
[2] Entièrement reconstruit après la Seconde Guerre mondiale, le château de Charlottenburg, et son dôme vert caractéristique.
[3] La nouvelle synagogue.

[4] Sur Gendarmenmarkt, l'une des plus belles places de Berlin, le Schauspielhaus est encadré par la cathédrale française et par la cathédrale allemande.
[5] Ancien poste frontière, le pont Oberbaumbrücke enjambe la Spree.
[6] À la pointe de l'île des Musées, le musée Bode.

4

5

6

1

Cœur historique de Berlin, le quartier Saint-Nicolas [2] n'a conservé du Moyen Âge que l'église du même nom, reconnaissable à ses deux flèches. Bordant la Spree, il concentre des bâtiments intéressants tel l'immeuble de Gause [1], en grès rouge, bel exemple d'architecture historisante de la fin du XIXe siècle. [Page de droite] Après avoir été le symbole de la division de la ville – elle faisait partie intégrante du mur –, la porte de Brandebourg est devenue l'emblème de la réunification.

2

À quelques kilomètres de Berlin, Potsdam [1] et [2] possède son « Versailles prussien », le château de Sans-Souci [page de droite], ainsi que le Nouveau Palais [3], voulus par Frédéric II le Grand (1712-1786), ami des arts et des lettres.

1

2

3

SANS, SOUCI.

Capitale de la Bavière, Munich a conservé un grand nombre d'édifices religieux : sa cathédrale, ici avec son typique marché de Noël [1] ; l'église Saint-Pierre, qui remonte au XIIIe siècle [2] ; et, derrière l'hôtel de ville néogothique situé sur Marienplat, les deux tours de la Frauenkirche [4], austère église-halle.

[3] À Munich, une imposante porte, les Propylées, inspirées à Klenze par les Propylées de l'Acropole d'Athènes, donnent sur la Königsplatz et un jardin.

1

2

3

[1] À quelques kilomètres de Munich, le Nymphenburg, autrefois résidence d'été des princes électeurs et des rois de Bavière, fut commencé au milieu du XVIIe siècle et agrandi de façon à accentuer sa ressemblance avec Versailles.

4

5

6

[2] Autre bâtiment néoclassique sur Königsplatz, la Glyptothèque, crée par Klenze.
[4] Façade néoclassique dans une rue de Munich.
[3] et [6] La Theatinerkirche « église des Théatins », affiche, elle, ses convictions baroques, Oktoberfest ou non.
[5] Symbole de Munich, le très doré ange de la Paix, posé sur sa colonne.

Installée sur son rocher dans le port de Copenhague, la statue de la Petite Sirène évoque le conte d'Andersen.

Quand l'eau anime les villes du Nord

Mer et canaux confèrent à toutes ces villes septentrionales un charme particulier : la même appellation de « Venise du Nord » n'est-elle pas donnée à trois d'entre elles, Stockholm, Bruges et Amsterdam ?

C'est à l'époque du Siècle d'or, au XVIIe siècle, quand Rembrandt peignait sa *Ronde de nuit* et que les bourgeois les plus riches se ruinaient pour acheter des spécimens uniques de tulipes, que fut construit le cœur d'Amsterdam, aux Pays-Bas. Enserré dans son réseau de canaux concentriques, il aligne le long de ses quais, parcourus en toute saison par des inconditionnels de la bicyclette, de splendides maisons à pignons. Ceinturée elle aussi par un réseau de canaux, Bruges, en Belgique, a préservé du temps où elle était l'un des plus grands marchés de toute l'Europe ses rues pavées, ses demeures aux façades à gradins et à volutes, ses halles et son beffroi aux briques patinées. Si Bruxelles, capitale de la Belgique, fut l'objet, au XXe siècle, d'un urbanisme quelque peu hasardeux, elle a conservé un centre ancien autour de sa Grand-Place, chef-d'œuvre d'architecture et d'ornementation.

Omniprésente pour ces deux villes de négoce encore plus au nord, la mer baigne littéralement Copenhague (Danemark) et Stockholm (Suède) – cette dernière, édifiée sur quatorze îles, est parfois appelée « la ville qui flotte sur l'eau ». Si toutes deux acquirent, à partir du XVIIe siècle, leurs plus prestigieux édifices, elles n'en font pas moins preuve de beaucoup de dynamisme et d'innovation, sensibles dans leur art du design et la rénovation de quartiers plus industriels, où transparaît un souci écologique déjà manifeste dans l'incitation à utiliser systématiquement le vélo.

1

[1] et [4] Située au bord de la Baltique, Stockholm est construite sur plusieurs îles à l'embouchure du lac Mälar, ce qui lui a valu, comme à d'autres villes européennes, son surnom de « Venise du Nord ».

2

4

[2] Le quartier historique de Stockholm a conservé de nombreuses maisons anciennes très colorées.
[3] L'église de l'île de Riddarholmen.

3

La vieille ville de Stockholm occupe l'île de Stadsholmen [2]. Dans celle de Kungsholmen, l'imposant hôtel de ville [1] abrite chaque année, dans sa salle Bleue, le somptueux banquet en l'honneur des lauréats du nobel.
[3] Le musée de Skansen (fin XIXe) fut le premier musée de plein air au monde : on y reconstitua des dizaines de maisons provenant de tout le pays pour évoquer un monde rural en train de disparaître.
[4] Exemple d'architecture dans le centre-ville de Stockholm.
[5] Un garde du palais royal.

[6] À Stockholm, le château de Drottningholm sert de résidence privée à la famille royale.

4

5

6

À Copenhague, le château d'Amalienborg, constitué de quatre demeures d'un style néo-classique rigoureux, est la résidence d'été de la famille royale [1] et [2], tandis que l'imposant château de Frederiksborg [4] est le chef-d'œuvre de la Renaissance danoise.

5

6

7

[3] et [6] Plantée sur deux îles de la Baltique, Copenhague est bordée de nombreux quais propices à la flânerie.
[5] Nyhavn, le « vieux port », est caractérisé par ses maisons aux couleurs vives.
[7] Statue de Hans Christian Andersen.

Le vélo, dont l'usage est encouragé par la présence de nombreuses pistes cyclables à Copenhague, permet de faire de belles balades dans la vieille ville [1] ou sur les quais du vieux port encombré de navires à voiles [page de droite].
[2] Au centre de la ville, Kongens Nytorv, la « nouvelle place royale », créée par Christian V en 1670.

Nyhavn 37

[1] Le palais royal d'Amsterdam
est situé sur une digue (*dam*).
[2] Moins connue,
la place du Nieuwmarkt,
le « nouveau marché ».
[3] Au bout du canal
Groenburgwal, la Zuiderkerk,
l'« église du Sud ».

1

2

3

[4] L'Hortus Botanicus, le jardin botanique d'Amsterdam, comprend plusieurs serres tropicales.
[5] et [6] Les canaux vus sous tous les angles.

[1] À une dizaine de minutes à vélo du centre historique d'Amsterdam, l'ancienne zone portuaire forme un archipel d'îles artificielles réhabilitées, avec un pont rouge en forme de python, *Pythonbrug*.

[2], [3] et [4] Des ponts, il y en a dans toute la ville d'Amsterdam, et de toutes sortes, histoire d'enjamber les canaux, notamment les quatre grands qui encerclent le cœur de la ville et qui furent bordés de magnifiques maisons, dont les plus anciennes remontent au Siècle d'or, celui de Rembrandt et de Vermeer.

[2] Comme s'il surveillait Bruges et ses habitants, le beffroi de la Grand-Place, symbole des libertés communales de la ville.
[1] Non loin de là, la prévôté, autrefois siège du chapitre de l'ancienne église Saint-Donatien.

1

2

3

Sur le Markt, la grand-place de Bruges, le récent palais du Gouvernement provincial [4] et de belles maisons anciennes, comme on en trouve aussi le long des canaux [3] ou sur la place Van-Eyck, façades en brique avec pignons à gradins [5].

Du sommet du beffroi, sur la Grand-Place, à Bruges, vue sur les pignons à gradins [1] bordés de terrasses où boire une bonne bière ; à moins d'aller s'installer le long des canaux [2].

[3] La poste centrale de Bruges, sur la Grand-Place, est un bâtiment de style néogothique.
[4] et [double page suivante] À pied, en bateau, à vélo, hiver comme été, à l'aube ou au crépuscule, il fait toujours bon flâner sur les quais de cette autre Venise du Nord.

3

4

1

2

3

Celle que Cocteau appelait « le plus riche théâtre du monde », la grand-place de Bruxelles, est dominée par l'hôtel de ville [6] faisant face à la maison du Roi [2], deux édifices entourés des anciennes maisons des corporations, édifiées au XVIIe siècle dans un style baroque italo-flamand [1].

4

5

6

[3] À proximité du parc à Bruxelles, le grandiose palais royal et sa façade de style Louis XVI.
[4] À Bruxelles, l'une des plus belles façades Art nouveau, celle de l'immeuble Old England, abrite le musée des Instruments de musique.
[5] Le long du canal de Charleroi, le quai des Charbonnages.

Deux symboles de Bruxelles : la statuette en bronze de la fontaine du Manneken-Pis [2], symbole de l'esprit frondeur des Bruxellois, et l'Atomium [1], construit à l'occasion de l'Exposition universelle de 1958 et qui représente une molécule de cristal de fer agrandie 165 milliards de fois.

Près de la Grand-Place,
les galeries royales Saint-Hubert [3]
et la rue du Marché-au-Charbon [5].
[4] Un restaurant bruxellois.

À Moscou, la cathédrale du Christ-Sauveur, édifiée pour commémorer la victoire de la Russie sur la Grande Armée de Napoléon. Détruite sous Staline, elle a été reconstruite à l'identique dans les années 1990.

Toutes payèrent un lourd tribut à l'histoire terrifiante du XXe siècle : ravages de la Seconde Guerre mondiale et chape de plomb du communisme. Avides de rattraper le temps perdu depuis la disparition du rideau de fer, elles sont en passe de retrouver leur splendeur d'antan…

Des bijoux d'architecture

Riveraines de la mer Baltique, Tallinn (Estonie), Riga (Lettonie) et Vilnius (Lituanie) ont recouvré leur souveraineté. Par bonheur, leur cœur ancien a été épargné, et l'on y retrouve bien des traces architecturales de leur prospérité passée et de la convoitise qu'elle suscita alors : pignons à redans de certains entrepôts, fortifications médiévales, églises gothiques, façades colorées et sculptées…

Depuis qu'au tout début du XVIIIe siècle Pierre le Grand posa la première pierre de la forteresse Pierre-et-Paul, les bulbes dorés et les façades baroques colorées des églises et des palais de Saint-Pétersbourg, en Russie, n'ont cessé de se refléter dans la Neva. Miraculeusement préservée des récents soubresauts de l'histoire, la cité affiche au bord de ses canaux son mariage avec l'Europe, dont elle adopta baroque puis classicisme. À l'inverse de Saint-Pétersbourg, Moscou frappe par la diversité de ses architectures, qu'elle a entrepris de restaurer depuis la perestroïka. Les bulbes dorés et chatoyants de ses églises et de ses somptueux palais se découvrent à partir de l'enceinte fortifiée du Kremlin, autour duquel la ville s'est progressivement développée.

Miroirs éclatés des espoirs et des désillusions de notre siècle européen, Budapest (Hongrie), Cracovie (Pologne) et Prague (République tchèque) reprennent vie et offrent dans la pierre un éloquent raccourci de leur histoire : bains turcs, demeures et églises baroques du temps des Habsbourg à Budapest, cimetière juif et tavernes à Prague, halle aux draps et université Jagiellon de Cracovie…

1

Les façades colorées de Saint-Pétersbourg comptent pour beaucoup dans son charme : jaune de la façade du théâtre Alexandrinski [1], vert pastel du palais d'Hiver, de Rastrelli, qui accueille une partie des collections de l'Ermitage [2], jaune orangé de la place du Palais [3], au centre de laquelle se trouve la colonne triomphale d'Alexandre Ier.

2

[4] Plus austère, la cathédrale Saint-Isaac, à Saint-Pétersbourg, la troisième plus grande cathédrale d'Europe, inspirée par la cathédrale Saint-Paul de Londres.

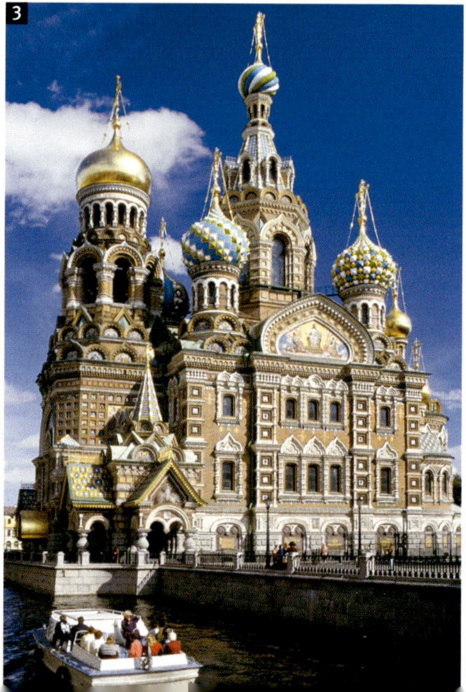

Fondée par Pierre le Grand au XVIIIe siècle pour permettre à la Russie d'« ouvrir une fenêtre sur l'Europe », Saint-Pétersbourg fut ensuite agrandie par Élisabeth Petrovna et Catherine II. Elle collectionne coupoles et bulbes dorés ou colorés : palais de Tsarskoïe Selo [1], église de Tchesmé [2], cathédrale Saint-Sauveur [3].

[4] Saint-Pétersbourg est bordée de canaux qui offrent de superbes vues sur la ville.
[5] L'institut Smolnyï est un chef-d'œuvre du baroque signé Rastrelli, l'architecte du palais d'Hiver.
[6] Le canal du palais d'Hiver.

Au XXe siècle à Moscou, le gratte-ciel Kotelnicheskaya Embankment, caractéristique du style éclectique et lourd de l'ère stalinienne [2], et le grandiose monument érigé pour rendre hommage aux conquêtes spatiales soviétiques [3].

5

Moscou s'étant développée en cercles concentriques, les rues convergent vers le cœur de la ville, la place Rouge [5] et [7] et le Kremlin [1] et [6].
[4] Le monastère de Novodievitchi, « nouveau couvent des jeunes filles », n'a pratiquement pas changé depuis le XVIe siècle.

6

7

1

À Moscou, de toutes sortes et de toutes couleurs, les bulbes chatoyants de la cathédrale Basile-le-Bienheureux, taillés en bossages ou en diamants, peints ou couverts de céramiques [1], ceux de la tour-clocher d'Ivan le Grand [2], le plus haut des clochers du Kremlin, et ceux d'un vert éclatant surmontant la Sainte-Trinité-de-Nikitniki tricolore blanc rouge et vert [page de droite].

2

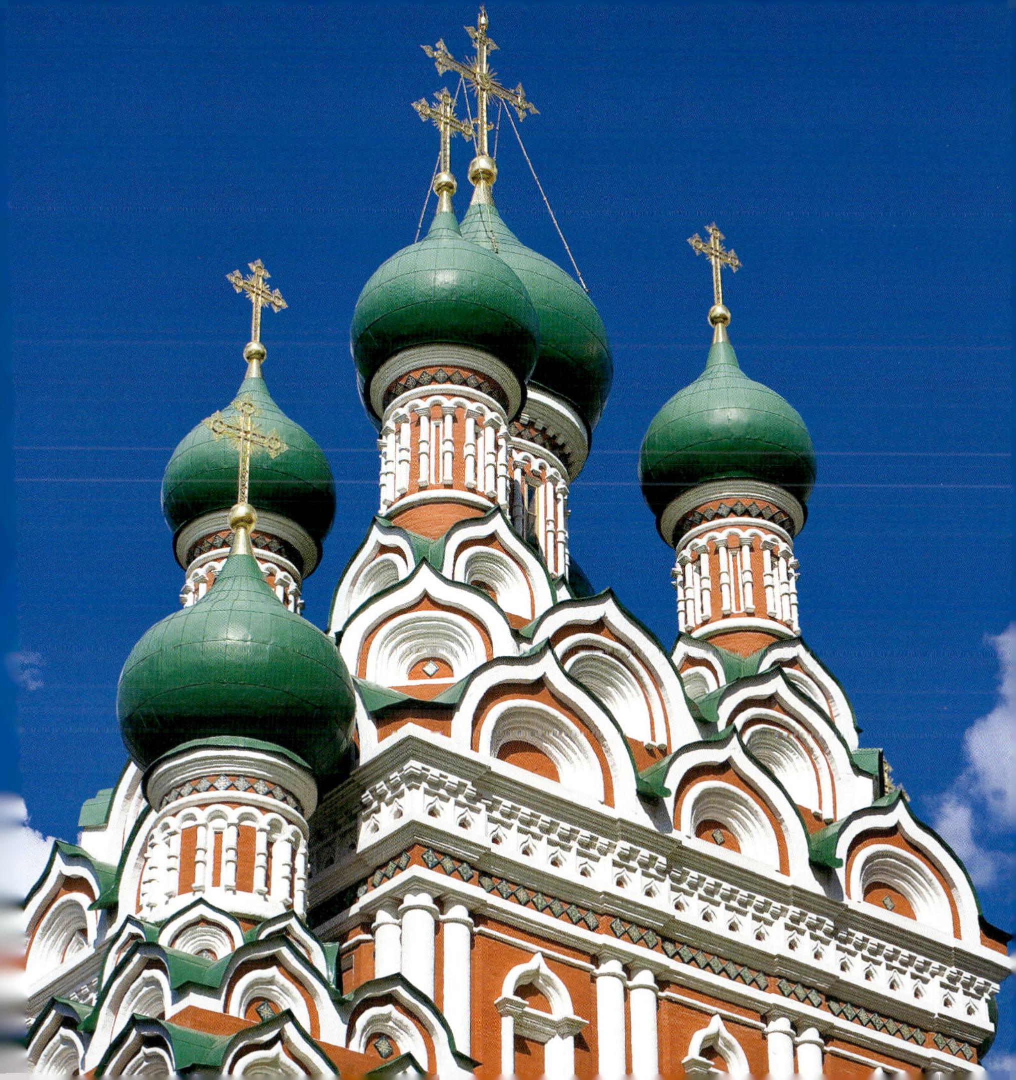

1

2

3

[1], [3] et [5] Deuxième ville du pays par le nombre d'habitants, Cracovie est le centre culturel de la Pologne. Elle a conservé sa vieille ville, située au pied de la colline du Wawel, au bord de la Vistule : halles aux draps sur la place du Marché, ornée d'une statue de l'écrivain Adam Mickiewicz et d'où l'on voit l'église Notre-Dame.

[2] Cathédrale dans l’enceinte du château royal à Cracovie.
[4] Vue sur le quartier juif Kazimierz depuis la Vistule.
[6] Tour gothique de la porte Saint-Florian.

De nombreux clochers se détachent sur le ciel de Cracovie, bastion, comme toute la Pologne, du catholicisme : celui de la cathédrale [1], située dans l'enceinte du palais royal ou celui de l'église Notre-Dame, édifiée au milieu XIVe siècle dans le style gothique [2].

[3] Une calèche dans les rues de la vieille ville de Cracovie.
[4] La tour de l'hôtel de ville de Cracovie.

1

2

3

Malgré la présence de quelques édifices d'inspiration soviétique, les trésors architecturaux de Prague furent épargnés par le régime : dans Malá Strana, le quartier du château, le pont Charles, qui relie le quartier à la vieille ville avec sa tour gothique [1] et [2], et la place Malostranské [4].

4

5

Les quais bordant la Vltava [3], et, sur l'île de Kampa, la place du même nom [5], à Prague.

Avec le château, la vieille ville à Prague, de l'autre côté de la Vltava, est la partie la plus ancienne de la cité.
Sur la place de la Vieille-Ville, les ravissantes maisons à arcades, souvent peintes et décorées [page de droite], côtoient Notre-Dame-de-Tyn [1] et l'horloge astronomique [2] du XVe siècle située sur le mur sud de l'hôtel de ville et qui s'anime toutes les heures jusqu'à 21 heures.

[1] Dans la nouvelle ville, à Prague, créée au XIVe siècle pour agrandir la ville devenue trop étriquée, le Musée national est installé dans un imposant bâtiment néo-Renaissance.

4

5

Dominant la Vlatva et le pont Charles [6] à Prague, la cathédrale Saint-Guy et le château royal [double page suivante].
Sur la place de la Vieille-Ville, des maisons anciennes [2] et l'hôtel de ville [4]. Dans le quartier du château, la baroque Notre-Dame-de-Lorette [5] et la ruelle d'Or, qui tire son nom des alchimistes qui y avaient élu domicile [3].

6

1

2

3

Surnommée la « perle du Danube », Budapest, la capitale de la Hongrie, réunit la ville de Buda [1], sur la rive droite du fleuve, et Pest, sur sa rive gauche. Surplombant le Danube, le Parlement [3], et le splendide pont des Chaînes [2]. [Page de droite] La façade d'un hôtel sur la place Blaha Lujza.

NEMZETI

Du pont des Chaînes [2], à Budapest, on distingue le palais Gresham, bijou Art nouveau des premières années du XXᵉ siècle qui a été reconverti en hôtel de luxe, et, dans le fond, la basilique Saint-Étienne de Pest [1] et [3].

4

[4] Budapest est une cité thermale réputée : ici, les bains de Széchenyi.
[5] L'une des places les plus fameuses de la ville est celle des Héros.
[6] Le très néogothique Parlement abrite les principales instances gouvernementales du pays.

6

5

À Riga, capitale de la Lettonie, l'église Saint-Jean [1],
la maison des Têtes-Noires [2].

3

4

5

Outre de nombreux bâtiments Art nouveau [3] et [4], Riga abrite des trésors d'architecture qui témoignent de son histoire ancienne [5].

La capitale de la Lituanie, Vilnius, a conservé son centre historique, qui s'étire sur les pentes de la rive gauche de la Neris [1] et compte nombre d'églises : Sainte-Anne [3], de style gothique tardif, et l'église des Bernardins [6], tout à côté, ainsi que l'église baroque Saint-Casimir, construite par les jésuites [4].

[5] Vilnius est aussi réputée pour ses magnifiques façades, typiques du nord de l'Europe, telles celles de la rue du Château.
[2] Devant le Théâtre national, *La Fête des Muses :* le Drame, la Tragédie et la Comédie.

Tallinn, capitale de l'Estonie, a gardé une bonne partie de son enceinte fortifiée [4] qui entoure la vieille ville [2]. Nombre d'édifices illustrent différents styles, allant du Moyen Âge à l'époque classique, en passant par la Renaissance et le baroque, notamment ceux de la place de l'Hôtel-de-Ville [1] et [3].

1

2

3

[5] Dans la ville haute de Tallinn, la cathédrale Alexandre-Nevsky affiche des coupoles dignes de Moscou.

À Paris, la pyramide de Pei s'élève au centre de la cour Napoléon au Louvre.

La « plus belle ville du monde » et les autres...

Comme Paris et Cannes, Bath, Édimbourg et Londres ne se résument ni à leur urbanisme ni à leur architecture. Toutes recèlent une ambiance particulière, souvent indéfinissable, qui tient aussi aux traditions de ceux qui y vivent...

De l'île de la Cité, mythique berceau de la capitale, à la métropole du XXIe siècle, Paris est bien plus qu'un catalogue hétéroclite d'époques et de styles architecturaux. Depuis longtemps, on se préoccupe des rues, des places et des lieux publics, qui tissent aussi l'âme d'une ville. Mais, Paris, c'est aussi le charme des quais de la Seine à l'ombre des flèches de Notre-Dame, la beauté des hôtels particuliers du Marais et du Quartier latin, le plaisir d'un brin de lecture sur l'une des chaises en fer des Tuileries, à quelques pas du Louvre, celui d'un café noir au comptoir d'un bistrot...

Avec sa Croisette et son quartier historique, Cannes est une destination de prédilection depuis que, vers la fin du XVIIIe siècle, la côte méditerranéenne séduisit l'aristocratie britannique. De l'autre côté de la Manche, au Royaume-Uni, si l'on va à Bath, c'est pour retrouver l'ambiance XVIIIe de cette station thermale, qui a conservé un ensemble unique de demeures géorgiennes. C'est aussi les élégantes façades néoclassiques qui font le charme de la « ville neuve » d'Édimbourg, à deux pas de la ville médiévale. Londres, enfin, longtemps la capitale du monde, n'a perdu ni son esprit ni son âme, malgré les terribles assauts de la Grande Peste, du grand incendie ou du Blitz. Incroyablement vivante et dynamique, elle réhabilite de façon audacieuse quartiers industriels et entrepôts, sans pour autant renoncer à ses traditions, tels les pubs et la bière qui y coule à flots.

1

Quoi de commun entre la colline du Sacré-Cœur [2] et l'ambiance « intello » du Quartier latin, à Paris, avec son café Les Deux Magots, qui a conservé le souvenir de Verlaine, Rimbaud, Picasso, Hemingway, Sartre et Beauvoir, à Saint-Germain-des-Prés [1] ?

2

[4] Au cœur de Paris, au bord de la Seine, la Conciergerie est le plus ancien témoignage du palais de la Cité, première demeure royale de la capitale.
[3] À quelques pas de là, Notre-Dame, chef-d'œuvre de l'art gothique dont la construction a commencé à la fin du XIIe siècle.

3

4

1

[1] La façade occidentale de Notre-Dame de Paris est flanquée de deux tours, de plus de 60 mètres de haut, et ornée d'une rosace au-dessus de la galerie des Rois, que les révolutionnaires décapitèrent, croyant qu'il s'agissait des rois de France, et dont on a retrouvé les têtes récemment.
[2] Véritable trait d'union entre le Louvre et la Grande Arche à la Défense, l'arc de triomphe de l'Étoile, en haut des Champs-Élysées, sur la place Charles-de-Gaulle.
[Page de droite] Emblème de Paris, la tour Eiffel.

2

[1] Reconnaissable entre toutes, la verrière du Grand Palais, à Paris.
[2] L'incontournable quartier de Montmartre.
[3] La colonne Vendôme au centre de la place éponyme, à Paris.
[4] L'obélisque de Louqsor, place de la Concorde, au pied des Champs-Élysées.

1

2

3

4

5

6

[5] La colone de Juillet érigée place de la Bastille, à Paris, et surmontée du *Génie de la Liberté*.
[6] Originellement palais de Marie de Médicis, le Luxembourg abrite désormais le Sénat.

[double page suivante] À Notre-Dame, une gargouille, la tête dans la main, semble méditer sur l'océan des toits de Paris.

[1], [2] et [3] Bordant la Croisette, à Cannes, des hôtels somptueux, tel le Carlton, rappellent l'époque où la ville attirait l'aristocratie européenne, la grande bourgeoisie industrielle et de nombreuses personnalités du monde des arts et des lettres.

Station balnéaire sur la Côte d'Azur [5], Cannes est mondialement connue pour sa promenade de la Croisette [4] et son Festival du cinéma.

3

4

5

Le centre historique d'Édimbourg [2] se divise en deux parties. Dans le sud, la vieille ville est dominée par le château, perché au sommet de la colline [1] ; son axe principal, Royal Mile [3], descend vers le palais royal de Holyrood [6] ; de Calton Hill, on peut admirer une superbe vue sur la vieille ville [5].

1

2

3

4

6

5

[4] Développée à partir du XVIIIᵉ siècle pour désengorger la vieille ville d'Édimbourg, on trouve dans la ville neuve les plus beaux édifices de style géorgien, tels ceux qui bordent Charlotte Square.

[2] Dans le sud-ouest de l'Angleterre, Bath est renommée pour ses sources d'eaux chaudes depuis l'époque romaine, ses thermes étant fréquentés par l'aristocratie anglaise à partir du XVIIIe siècle.

[1], [3] et [4] À Bath, la cathédrale, reconstruite entre le XIIe et le XVIe siècle, est un des exemples les mieux conservés du style gothique perpendiculaire.
[5] Vue de Royal Crescent.

3

4

5

[1] Situé dans le quartier d'affaires de Londres, le Swiss Re Building, rebaptisé par les Londoniens *« The Gherkin »*, « le Cornichon ». Comme leurs autobus à impériale, leurs pubs [2] et leurs taxis, les cabines téléphoniques anglaises [3], toujours rouges, toujours en fer, sont devenues les emblèmes de la ville – certaines sont même classées monuments historiques. [Page de droite] Depuis la fin du XIXᵉ siècle, Leadenhall Market est un marché couvert dans la City.

Oddbins
sale
& SONS LTD
FISHMONGER

Les musts londonniens : Buckingham Palace [1], l'abbaye de Westminster [2], Big Ben et le palais de Westminster [4], Tower Bridge [5], la cathédrale Saint-Paul [6].

L'hôtel de ville [7] de Londres, conçu, comme le Swiss Re Building, par Norman Foster, au bord de la Tamise, est lui aussi un incontournable ! Autre symbole de la ville, les grenadiers de la Garde [3], régiment au service de la reine, avec leur tunique rouge et leur bonnet noir en poil d'ours.

[1] Le marché de Covent Garden, à Londres.
[2] Une statue en bronze de Richard Cœur de Lion (1157-1199), devant l'abbaye de Westminster.

Trois ambiances londonniennes radicalement différentes : la City et ses hommes d'affaires [3], Camden High Street et ses célèbres boutiques [4] et Piccadilly Circus avec ses nombreux badauds [5].

Villes mythiques d'Europe du Sud

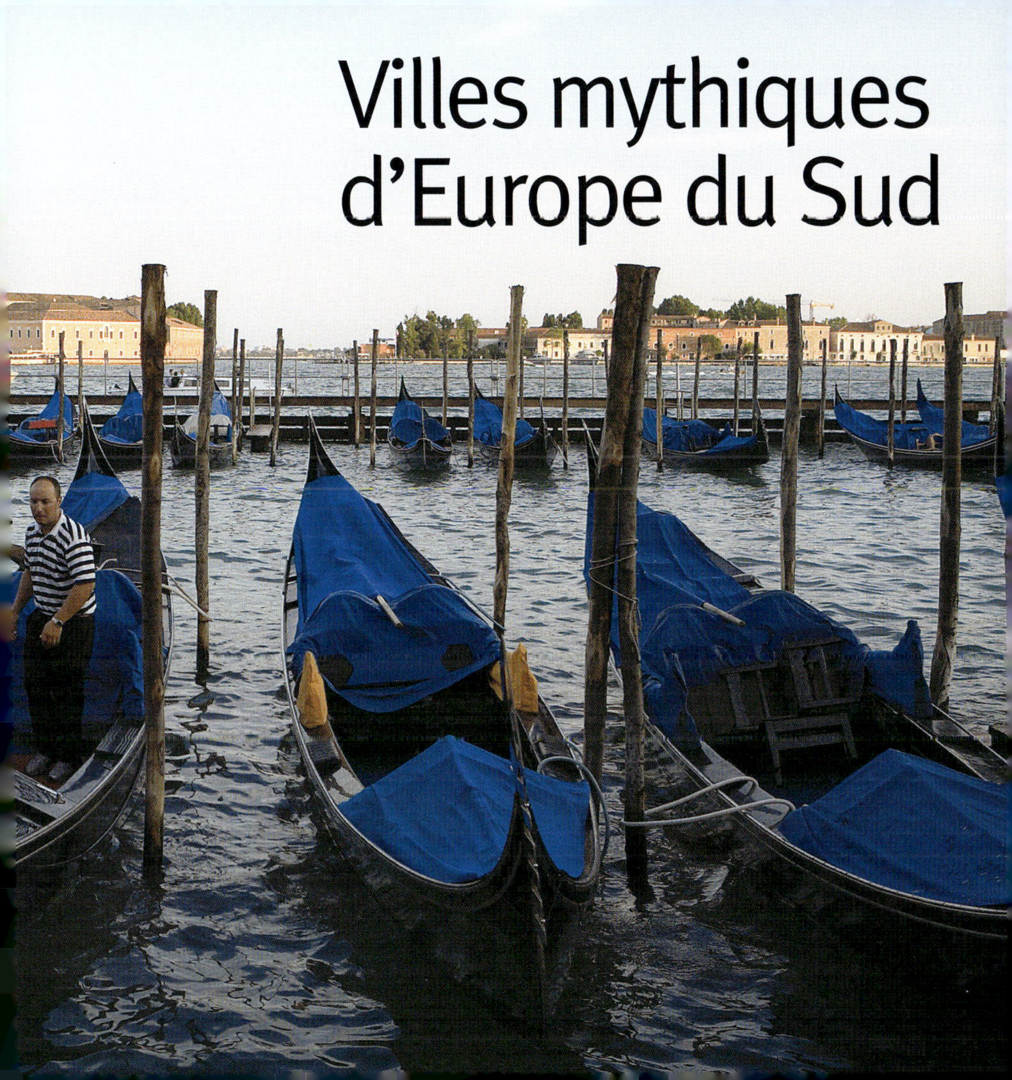

Des cheminées sur les toits de la Casa Mila, de l'architecte Gaudi, à Barcelone.

De l'occupation romaine aux conquistadores et aux grandes découvertes, en passant par la soumission aux musulmans d'une bonne partie du territoire durant plusieurs siècles, les villes de la péninsule Ibérique offrent mille facettes...

Des villes tour à tour conquises, reconquises et conquérantes

Des villes aux traits bien tranchés, à la personnalité affirmée, au charme irrésistible... Dans le nord de l'Espagne, qu'ont en commun la Barcelone de Gaudí, Saint-Jacques-de-Compostelle, le plus grand lieu de pèlerinage après Rome, et le Bilbao récemment dynamisé par l'ouverture du musée Guggenheim? Au cœur du pays, Salamanque abrite la plus vieille université d'Espagne ainsi que de nombreux monuments plateresques, tandis que Madrid n'a cessé de multiplier édifices civils et religieux depuis que Philippe II y établit sa capitale au XVIe siècle. Plus vers le sud, un air imprégné de culture islamique règne sur les trois joyaux andalous – Séville, Grenade et Cordoue –, héritage de l'occupation des maures pendant sept siècles.

Au Portugal, sentinelle avancée à la pointe de l'Europe, Lisbonne se souvient de l'époque bénie des découvertes et de ses héros, tel Vasco de Gama. Malgré la reconstruction rationnelle d'une partie de la ville après le tremblement de terre de 1755, les funiculaires jaune canari et les tramways un peu désuets lancés à l'assaut des sept collines, le linge accroché aux balcons, les venelles tortueuses et les cafés confèrent à la reine du Tage un charme teinté d'une nostalgie digne du fado, sensible aussi à Sintra avec ses châteaux de contes de fées entourés de jardins luxuriants et humides. Plus industrieuse, Porto dégringole en cascade jusqu'aux rives du Douro avec ses églises baroques, ses balcons en fer forgé et ses façades couvertes d'azulejos.

Affirmant haut et fort son identité catalane, Barcelone mêle à l'architecture de Gaudí [1] et [3], son grand homme, nombre de monuments anciens, tel *El Poble Espanyol*, « le village espagnol » [2], qui ambitionne d'illustrer tous les styles architecturaux du pays.

L'Arc de triomphe édifié pour l'Exposition universelle de 1888 [4], le musée national d'Art de Catalogne [6] et la cathédrale gothique [5] de Barcelone.

1

2

3

La Sagrada Familia [2], toujours inachevée, et la maison Batlló [1], à Barcelone, toutes les deux conçues par Gaudí.
[3] et [page de droite] Si un architecte a marqué le visage de Barcelone, c'est bien Gaudí (1852-1926), le génial architecte Art nouveau, qui, non content de concevoir des bâtiments, imaginait en même temps leur décor depuis les matériaux – bois, pierre taillée, mortier, brique, fer forgé, vitrail, céramique... – jusqu'à leur dessin, comme pour le parc Güell.

[2] Le quartier ancien de Bilbao abrite un lacis de ruelles pittoresques autour de Plaza Nueva. Plusieurs ponts enjambent le río Nervión : celui de l'Hôtel-de-Ville [3] et Zubizuri [1], passerelle construite à Calatrava.

4

Au Pays basque espagnol, Bilbao a été redynamisé par l'ouverture, en 1997, du musée Guggenheim, un magnifique bâtiment d'avant-garde conçu par Frank Gehry [5] et consacré à l'art contemporain, dont le parvis est orné d'une sculpture de Louise Bourgeois, *Maman*, une araignée géante [4] !

5

1

2

[1], [2], [4] et [page de droite] La Grande Mosquée, dont l'érection remonte au VIIIe siècle, est le joyau de la vieille ville de Cordoue. On se souvient du mot de Charles Quint, lorsque le cœur de la mosquée avait été abattu pour bâtir une cathédrale : « Ce que vous faites là se trouve partout, ce que vous aviez auparavant n'existe nulle part dans le monde. »
[3] Autre vestige de la présence musulmane, Madinat al-Zahra.

3

4

Au pied de la sierra Nevada, Grenade connut son apogée à l'époque islamique. La dynastie nasride y fit construire, dominant la ville, l'Alhambra [2], avec le palais du Partal [1] et la cour des Lions [3].

1

2

3

À Salamanque, le nombre des édifices remarquables est impressionnant : la Plaza Mayor [2] est l'une des plus belles d'Espagne, et le cloître du couvent de Las Dueñas [1], où les figures tourmentées des chapiteaux contrastent avec la sérénité du jardin, est remarquable.

Madrid, la capitale de l'Espagne, est nichée au cœur de la Castille. Dans la vieille ville, la vaste Plaza Mayor [1] servit de cadre à des courses de taureaux et aux jugements de la puissante Inquisition. Dominant le Manzanares, le palais royal [2] et [3] remplaça l'Alcazar.

Ancien jardin du palais du Buen Retiro, le parc du même nom offre désormais aux Madrilènes plus de 100 hectares de verdure.

Pendant des siècles, les pèlerins empruntèrent l'un des chemins de Saint-Jacques pour atteindre la *finis terræ* de Galice. Sur la place de l'Obradoiro, la cathédrale [page de droite], conçue pour les accueillir, et l'hôtel de ville [2] et [3]. Non loin de là, le monastère San Martín Pinario avec sa façade et son portail monumental du XVIIe siècle [1].

1

2

3

1

[2] Séville l'Andalouse a elle aussi conservé nombre de monuments édifiés par les maures, comme la Torre del Oro, tour d'observation militaire édifiée en 1220 et reconvertie en musée maritime.

2

3

Comme le pavillon mudéjar [4] construit pour l'Exposition ibéro-américaine de 1929, la place d'Espagne [1] et [3] est l'une des plus spectaculaires de Séville : sa forme d'hémicycle symbolisait l'Espagne accueillant ses anciennes colonies.

4

[1] et [5] Ancien quartier juif médiéval, Santa Cruz est la partie la plus pittoresque de Séville.
[2] La place d'Espagne.
[3] et [double page suivante] Les arènes de la ville comptent parmi les plus anciennes d'Espagne.

4

Séville est ponctuée de somptueux édifices comme le Palais archiépiscopal, qui est toujours utilisé par le clergé [6] ou la Casa de Pilatos, qui abrite un magnifique patio orné de stucs mudéjars et d'azulejos [4].

6

5

[2] Non loin de Lisbonne,
le château de Queluz
est un magnifique exemple
du baroque européen.

4

Campée le long du Tage, enjambé depuis 1998 par le pont Vasco-de-Gama [1], Lisbonne conserve une séduction qu'une rénovation récente n'a pas entamée : toits de l'Alfama [3], où le linge s'accroche aux balcons, cireurs de chaussures du côté de la place du Commerce [6], ruelles en pentues escaladées par des tramways poussifs, cafés désuets du Chiado [4], dentelles de pierre du cloître du monastère des Hiéronymites et de la tour de Belém [5].

5

6

Sur les rives du Douro, Porto doit sa prospérité au vin de liqueur qui porte son nom.

De son extravagant palais de Pena [1]
et de son château des Maures [2],
tous deux situés sur les hauteurs,
la vue sur Sintra de la campagne alentour,
qui va jusqu'à l'Atlantique, est superbe.

1

2

Commencé au VIe siècle av. J.-C. et achevé par Hadrien au IIe siècle apr. J.-C., l'Olympieion, à Athènes, dresse encore quinze de ses colonnes d'une impressionnante verticalité.

Au bord de l'Adriatique et de la Méditerranée

Installées dans des sites stratégiques convoités, la plupart de ces villes ne cessèrent de passer de main en main, succession de dominations qui fit aussi leur richesse. Unique au monde, l'Acropole suffirait à rendre Athènes inoubliable…

Caboter le long des côtes de l'Adriatique, c'est remonter le cours de l'histoire, celle d'un empereur romain venu se faire construire un palais dans sa région natale, à Split, afin de s'y retirer, celle d'une République de Venise entendant affirmer sa suprématie commerciale et politique, comme en témoignent le système politique des cités-États qui régit Split et Dubrovnik, en Croatie, et sa mainmise sur Corfou (Grèce). Rhodes, en Grèce, ne conserve pas seulement le souvenir de l'une des Sept Merveilles du monde, un colosse de 32 mètres disposé à l'entrée de son port, entre les jambes du-quel les bateaux devaient passer. Convoitée par les puissances voisines, l'île servit d'asile aux chevaliers hospitaliers de Saint-Jean, ce qu'atteste sa puissante ville médiévale fortifiée, avant de tomber aux mains des Ottomans. Réfugiés à Malte, les chevaliers créèrent alors à La Valette l'une des plus belles forteresses de Méditerranée, abritant une splendide cité baroque.

Bruyante, imparfaite, polluée, Athènes, capitale de la Grèce, est pourtant unique : est-ce en raison des héros racontés par Homère ou de son Parthénon, qui semble restituer la lumière de ses dieux et de son destin ? Peut-être. Mais, Athènes, c'est aussi les pentes des collines couvertes d'oliviers et de cyprès, les tavernes où il fait bon siroter un ouzo sur des chaises de paille déglinguées, les maisons blanchies à la chaux aux portes d'un bleu éclatant d'Anafiotika, l'un de ses nombreux quartiers pleins de charme…

[1] Au large de la ville de Corfou, capitale de l'île du même nom, l'église de Pondikonissi affiche une personnalité grecque bien marquée !

1

2

[2], [3] et [4] Corfou fut dominée pendant plusieurs siècles par Venise, ce dont témoignent certains détails d'architecture, notamment dans la vieille ville : balcons et volets peints en vert, clochers séparés de leur église, les deux couverts de tuiles rouges ; d'ailleurs, certains habitants de l'île continuent de parler un dialecte qui mêle au grec de nombreux mots venus d'Italie.

1

2

3

[1] Le stade olympique d'Athènes, datant de 1982, fut complètement rénové pour les Jeux olympiques d'été de 2004.
Dominant la ville d'Athènes, l'Acropole a conservé l'un des plus remarquables ensembles architecturaux de l'histoire de l'humanité : ici, l'Érechthéion [2] et le Parthénon [page de droite] ; sensiblement contemporain, le temple d'Héphaïstos, sur l'ancienne agora [3].

[2] Dans le port de Mandráki, deux colonnes soutiennent les emblèmes de Rhodes, le cerf et la biche.

4

5

[3], [4] et [5] Si Rhodes a conservé quelques vestiges de l'Antiquité, telles les colonnes du temple d'Apollon Pythien [1], elle a été durablement marquée par la présence de l'ordre de Saint-Jean-de-Jérusalem, qui s'y installa pendant deux siècles (XIVe-XVIe siècles) et construisit une forteresse et le palais des Grands-Maîtres.

1

2

3

Dubrovnik [4], l'ancienne Raguse, a conservé, outre de magnifiques plages [1], bien des témoignages de son histoire : ses remparts, sa vieille ville, avec ses rues pavées, ses édifices en pierre blanche, ses toits de tuiles rouges et, bien sûr, nombre de monuments répartis de part et d'autre de sa rue principale, Placa [2] : le palais Sponza [page de droite], gothico-renaissant, du XVIe siècle, le couvent des Franciscains, avec son cloître et son clocher [3].

4

1

2

La vieille ville de Split conserve elle aussi les traces de sa riche histoire : la place du Peuple et l'ancien hôtel de ville [1], et la place de la République, qui se veut une imitation des Procuraties de la place Saint-Marc [2].

Le site de Split [3] fut d'abord choisi par Dioclétien pour y construire son palais, puis, progressivement, la ville se développa à l'intérieur et autour du palais, dont il reste de nombreux vestiges tels que la porte Argentea [4].

3

4

L'histoire de La Vallette est, comme celle de Rhodes, liée à l'arrivée des chevaliers de l'ordre de Saint-Jean sur l'île de Malte : elle fut créée de toutes pièces par et pour l'ordre, et elle porte le nom du grand maître qui fonda la ville.

La richesse architecturale de La Vallette l’a fait inscrire sur la liste du patrimoine mondial.

En ombre chinoise, l'église Santa Maria della Salute, dominant la pointe de la Dogana di Mare, « douane de mer », à Venise.

Un époustouflant florilège de villes

Dresser une liste des villes italiennes mythiques confine au véritable casse-tête tant le pays abonde de cités plus riches les unes que les autres. Des plus modestes aux plus vastes, toutes diffusent un charme indéfinissable...

L'histoire de l'Italie du Nord est celle de ses villes. Chacune d'elles ayant la volonté de surpasser sa voisine, elles devinrent chacune autant de petits chefs-d'œuvre : Venise et ses canaux, Florence et ses demeures austères au bord de l'Arno, la conque accueillante et toute de pierre dorée de la Piazza del Campo, vers laquelle convergent les toits de la ville de Sienne, les palais Renaissance des ducs à Mantoue ou à Urbino, la basilique Saint-François à Assise, étagée sur un contrefort du mont Subasio...

Rien de tel dans le Sud. Au bord de sa splendide baie, exubérante et passionnée, terre d'élection du bel canto et de la commedia dell'arte, Naples est la ville du baroque et des palais délabrés, des glaces et des pizzas, des pétarades de Vespa et des lignes festonnées de linge suspendu de balcon en balcon... Encore plus au sud, les pierres de Palerme, de Taormine et de Syracuse, en Sicile, dans leurs sites époustouflants de beauté, racontent les vagues successives d'envahisseurs qui ne cessèrent de déferler sur leurs rivages.

À mi-chemin entre les deux, Rome, à laquelle mènent tous les chemins, est faite des multiples facettes imbriquées de son histoire, tel un gigantesque puzzle en trois dimensions : Rome antique et impériale, Rome douloureuse du martyre des premiers chrétiens, Rome triomphante et baroque dont témoignent les somptueux édifices du Vatican, Rome moderne et déconcertante du fascisme du XXe siècle...

1

3

2

Les merveilles de la cité des Doges sont innombrables. Au cœur de la ville, la place et la basilique Saint-Marc [1], et le palais des Doges [2] et [4]. Cernées par la lagune, la Dogana di Mare, « douane de mer » [5] et l'île San Giorgio Maggiore sur laquelle se dresse l'église du même nom, petit bijou édifié par Palladio [3].

4

Des ponts enjambent les canaux, et des palais se laissent entrevoir : le pont du Rialto, sur le Grand Canal [6], et le palais Pisani-Moretta [7].

5

6

7

[1] Dans la lagune de Venise, sur l'île de Murano, connue pour son verre, se dresse l'église Santi Maria e Donato, avec son admirable chevet, où se développent deux rangées d'arcatures en brique séparées par des colonnes jumelées d'une blancheur éclatante.

4

5

Outre la fameuse place Saint-Marc [2], Venise cache, au détour de ses ruelles et de ses canaux, de petits *campi*, tel le Campo dei Santi Giovanni e Paolo [3]. [4] et [5] Sur le Grand Canal, les palais se succèdent.

Constituée d'une bonne centaine d'îles séparées par plus de 170 canaux qu'enjambent plus de 400 ponts, Venise tire en partie son charme de l'omniprésence de l'eau...

Serrée dans ses remparts, Urbino séduit autant par son site que par ses monuments : ses rues montueuses [1], souvent étroites, ménagent d'heureux points de vue, notamment sur son palais ducal Renaissance, accroché sur les hauteurs [2].

Outre le magnifique palais des ducs de Gonzague, qui englobe le castello di San Giorgio [2], Mantoue offre quelques beaux édifices, telle la rotonde San Lorenzo, église de plan circulaire [1], ou, au cœur de la cité médiévale, la Piazza Sordello, bordée par la cathédrale [3].

1

2

3

[1] Au centre d'Assise, la Piazza del Comune a conservé un temple de Minerve transformé en église. Dominée par la forteresse Rocca Maggiore [4], d'où la vue est une merveille, Assise, avec ses ruelles [2] aux vieilles maisons et ses églises, semble légèrement assoupie.

[3] La basilique San Francesco, à Assise, la première église dédiée au saint du XIIIe siècle, se compose de deux édifices superposés.
[5] La façade de la cathédrale est peut-être l'une des plus belles d'Italie, avec ses trois portails décorés de sculptures romanes.

1

[1] Le long des rives de l'Arno, Florence est une des villes d'Italie les plus riches. Pour preuve : le Palazzo Vecchio [2], et la cathédrale Santa Maria del Fiore [3] et [4].

2

3

[5] La Piazza della Repubblica, à Florence, à l'emplacement de l'ancien forum, est aujourd'hui bordée de nombreux cafés.
[6] Une reproduction du *David* de Michel-Ange, sur la Piazzale Michelangelo.

[Double page suivante] Le Ponte Vecchio.

[3] et [5] Disposée sur trois collines qui convergent doucement vers l'une des plus belles places du monde, Sienne est moins austère que Florence, sa grande rivale, probablement en raison de la couleur ocre de sa pierre, ce fameux terre-de-sienne qui lui confère une grande douceur.

1

2

3

4

Bordée par le Palais public, la place est vraiment le cœur de Sienne [1]. L'un des chefs-d'œuvre qu'elle abrite est incontestablement la cathédrale [2] entièrement zébrée de marbre blanc et noir, tout comme l'est son campanile et [4].

5

La longue histoire de Rome a donné naissance à un nombre considérable de palais et d'églises, de places et de rues. Surdimensionnée pour la place qui n'existe que pour elle, la fontaine de Trevi [2], à mi-chemin entre baroque et classicisme, a été immortalisée par la sensuelle Anita Ekberg grâce à Fellini.

1

2

[1] Le parc de la Villa Borghèse, à Rome.
[3] Les ruines du Forum et le Colisée rappellent l'Antiquité romaine.
[4] Le quartier du Trastevere.

[2] Détail architectural d'une maison romaine.
[3] Le monument de Victor-Emmanuel II, surnommé par les Romains la « machine à écrire », est peut-être l'expression d'un goût pour le colossal hérité de l'Antiquité.

4

5

6

De l'Antiquité romaine au XXe siècle : le temple de Saturne et l'arc de triomphe de Septime Sévère [1], le théâtre d'Ostia Antica, à proximité de Rome [4], une vue générale du Forum que surplombe le Colisée [5] et les ruines du palais de Septime Sévère [6].

Difficile de dénombrer toutes les fontaines de Rome : la fontaine du Triton, place Barberini [1], la fontaine des Quatre-Fleuves sur la place Navone [2], et la fontaine Barcaccia sur la place d'Espagne [page de droite]. Toutes sont dues au célèbre sculpteur-architecte Bernin, qui a exprimé dans ces trois œuvres son goût pour le baroque – torsion des formes, recherche du mouvement, effets d'illusion.

Bordant les nombreuses places de Rome, des palais et des fontaines : sur la place de la République, la fontaine des Naïades [2], et au sud de la place Navone, la fontaine du Maure [3]. [4] Sur la place du Capitole, conçue par Michel-Ange, le Palazzo Nuevo.

1

2

3

4

5

[1], [5] et [6] Vu du Tibre, le pont Saint-Ange et la basilique Saint-Pierre de Rome, pour laquelle Bernin conçut l'extraordinaire place en ellipse bordée d'une quadruple colonnade.

6

Dans un site admirable, Palerme a conservé nombre de richesses : la cathédrale [1] et [3] et la fontaine Pretoria [2], conçue pour les jardins d'une villa florentine et rebaptisée « fontaine de la Honte » – les statues dénudées scandalisaient les religieuses des couvents voisins.

4

5

6

6

Foisonnante, fantaisiste, tragique, gaie, exaltée, Naples [6] a conservé nombre d'églises, mais aussi des places, des fontaines, des musées, des galeries marchandes, telle la spectaculaire Galleria Umberto [4] et [5].

[1] et [2] « La ville de Syracuse est la plus grande des villes grecques et la plus belle de toutes », affirmait Cicéron : si le temps a passé et que d'autres civilisations ont façonné la cité, difficile de lui donner tort, comme en témoignent les quais et le centre historique.

[3] Le reste de la ville ne manque pas de charme, avec ses églises et ses places bordées de terrasses offrant une échappée sur la mer festonnée de criques et de promontoires, telle la place du 9-Avril.
[4] Le théâtre grec de Taormine surplombant la mer est un bijou.

Index

A

Aberdeen (Chine) 168
Abu Dhabi (Émirats arabes unis) 238, 244
Acapulco (Mexique) 134
Agra (Inde) 212
Alep (Syrie) 238
Alexandrie (Égypte) 28, 42, 43, 44, 45, 46
Alger (Algérie) 48, 66, 67
Amsterdam (Pays-Bas) 310, 320, 321, 322, 323
Angkor (Cambodge) 262, 270, 271, 272
Assise (Italie) 430, 440, 441
Athènes (Grèce) 416, 420

B

Bangkok (Thaïlande) 262, 266, 267, 268
Barcelone (Espagne) 390, 392, 393, 394
Bath (Grande-Bretagne) 366, 380
Bénarès (Inde) 184, 222
Berlin (Allemagne) 286, 296, 297, 298, 299, 300, 301, 302, 304
Bilbao (Espagne) 390, 396, 397
Bombay (Inde) 184, 190, 191, 192
Boukhara (Ouzbékistan) 230, 231, 232
Brasília (Brésil) 78, 82, 88
Bruges (Belgique) 310, 324, 325, 326, 327
Bruxelles (Belgique) 310, 330, 331, 332
Budapest (Hongrie) 334, 356, 358, 359
Buenos Aires (Argentine) 78, 92, 93, 94, 95 96

C

Caire, Le (Égypte) 28, 30, 31, 32, 34
Calcutta (Inde) 184, 194, 195
Cannes (France) 366, 376, 377
Cap, Le (Afrique du Sud) 8
Carthage (Tunisie) 48, 68, 69
Carthagène (Espagne) 140, 141
Chicago (États-Unis) 102, 114, 116, 118, 119
Chinguetti (Mauritanie) 20, 22, 23
Copenhague (Danemark) 310, 316, 317, 318
Cordoue (Espagne) 390, 398
Corfou (Grèce) 416, 418, 419
Cracovie (Pologne) 334, 344, 345, 346, 347
Cuzco (Pérou) 134, 136, 137

D

Damas (Syrie) 238, 252, 253

Delhi (Inde) 184, 198, 199, 200, 201
Djibouti (Djibouti) 8, 11
Dubai (Émirats arabes unis) 238, 240, 241, 242, 243
Dubrovnik (Croatie) 416, 424

E

Édimbourg (Grande-Bretagne) 366, 378, 379
Essaouira (Maroc) 48, 50, 51, 52, 53

F

Fès (Maroc) 48, 54, 55
Florence (Italie) 430, 446

G

Gênes (Italie) 96
Grenade (Espagne) 390, 400

H-I

Havane, La (Cuba) 134, 142, 143, 144
Hongkong (Chine) 156, 168, 170, 171, 241, 242, 276
Ispahan (Iran) 226, 234, 236, 237
Istanbul (Turquie) 238, 258, 260, 261

J

Jaipur (Inde) 208, 209, 210, 211
Jérusalem (Palestine) 8, 238, 248, 250
Jodhpur (Inde) 202, 204, 205, 206

K

Kairouan (Tunisie) 48, 72, 73, 74
Kuala Lumpur (Malaisie) 262, 264, 265
Katmandou (Népal) 186, 187, 188
Khiva (Ouzbékistan) 226, 228, 229, 230
Kyoto (Japon) 156, 174, 176, 177, 178, 179

L

Lahore (Pakistan) 184, 224, 225
Lalibela (Éthiopie) 8, 10
Las Vegas (États-Unis) 102, 120, 121
Lhassa (Tibet) 156, 182, 183
Lisbonne (Portugal) 390, 412, 413
Londres (Grande-Bretagne) 337, 366, 382, 385
Los Angeles (États-Unis) 102, 126, 128, 129
Louqsor (Égypte) 28, 36, 37, 38

M

Macao (Chine) 156, 172, 173
Madrid (Espagne) 390, 402
Mantoue (Italie) 439
Marrakech (Maroc) 48 60, 61, 62, 64, 65
Mecque, La (Arabie saoudite) 238, 245
Meknès (Maroc) 48, 58, 59
Melbourne (Australie) 262, 280, 281
Mexico (Mexique) 134, 148, 149, 150
Mogador (Maroc) 48
Moscou (Russie) 334, 340, 341, 342, 365
Munich (Allemagne) 286, 306, 308, 309

N

Naples (Italie) 430, 457
Nara (Japon) 180, 181
New York (États-Unis) 86, 102, 104, 106, 108, 276

P

Palerme (Italie) 430, 456
Paris (France) 92, 262, 366,368, 369, 370, 372, 373
Pékin (Chine) 156, 162, 163, 164, 166, 167
Pondichéry (Inde) 214
Porto (Portugal) 390, 414
Prague (République tchèque) 334, 348, 349, 350, 352, 353
Potsdam (Allemagne) 286, 304

Q

Québec (Canada) 102, 130, 132, 133

R

Rhodes (Grèce) 416, 422, 423, 428
Riga (Lettonie) 334, 360, 361
Rio de Janeiro (Brésil) 78, 80, 81, 82, 83
Rome (Italie) 46, 68, 390, 430, 448, 449, 451, 452, 454, 455

S

Saint-Jacques-de-Compostelle (Espagne) 390
Saint-Louis (Sénégal) 20, 26
Saint-Pétersbourg (Russie) 334, 336, 337, 338, 339

Salamanque (Espagne) 390, 401
Salzbourg (Autriche) 286, 294, 295
Samarkand (Ouzbékistan) 226, 232
Sanaa (Yémen) 238, 254, 255
San Francisco (États-Unis) 102, 122, 123, 124, 125
Santa Monica 126, 128
São Paulo (Brésil) 78, 86, 87
Séville (Espagne) 390, 406, 407, 408, 409
Shanghai (Chine) 156, 158, 159, 160
Shibam (Yémen) 238, 256, 257
Sienne (Italie) 430, 446, 447
Singapour (Singapour) 262, 276, 277, 278, 279
Sintra (Portugal) 390, 415
Split (Croatie) 416, 426, 427
Stockholm (Suède) 310, 312, 313, 314, 315
Sydney (Australie) 262, 282, 283
Syracuse (Italie) 430, 458

T

Tallinn (Estonie) 334, 364, 365
Tanger (Algérie) 48
Taormine (Italie) 430
Tombouctou (Mali) 20, 27
Tokyo (Japon) 174, 176, 177

U

Udaipur (Rajasthan) 216, 217, 218, 220, 221
Urbino (Italie) 438
Ushuaia (Argentine) 78, 100, 101

V

Valette, La (Malte) 416, 428, 429
Valparaíso (Chili) 78, 90, 91
Vatican (Italie) 430
Venise (Italie) 262, 310, 312, 327, 416, 421, 430, 434, 436
Veracruz (Mexique) 134, 146, 147
Vienne (Autriche) 286, 288, 289, 290, 291
Vilnius (Lituanie) 334, 362, 363

W-Z

Washington (États-Unis) 102, 112
Zanzibar (Tanzanie) 8, 16, 18, 19

Crédits photographiques

Toutes les photographies de cet ouvrage proviennent de l'agence Hemis

hemis.fr
Creative and Travel imagery
www.hemis.fr

à l'exception de la photographie principale de la couverture :

Dans la collection 1001 Photos :

Les Animaux de la ferme / Les Avions / Les Bébés animaux / Les Châteaux / Les Chats / Les Chevaux / Les Chiens / Le Cyclisme / Les Déserts / L'Égypte / Les Fleurs / Le Football / La France des villages / La Mer / Les Merveilles de la France / Les Merveilles du monde / La Montagne / Les Motos de rêve / Les Oiseaux / Paris / Les Poissons et cétacés / Le Rugby / La Terre / Les Trains / Les Déserts / Les Voitures de rêve

Les avions
1001 photos
SOLAR
Les animaux de la ferme
1001 photos
SOLAR
Les déserts
1001 photos
SOLAR
Le cyclisme
1001 photos
SOLAR
Les châteaux
1001 photos
SOLAR
Les fleurs
1001 photos
SOLAR
es oiseaux
1001 photos
SOLAR
Les trains
1001 photos
SOLAR
La montagne
1001 photos
SOLAR
Les chiens
1001 photos
SOLAR
Les merveilles de la France
1001 photos
SOLAR
La France des villages
1001 photos
SOLAR
a montagne
1001 photos
SOLAR
L'Égypte
1001 photos
SOLAR
Les avions
1001 photos
SOLAR
Les voitures de rêve
1001 photos
SOLAR
Les chevaux
1001 photos
SOLAR
Le football
1001 photos
SOLAR
villes mythiques
1001 photos
SOLAR
Paris
1001 photos
SOLAR
Les bébés animaux
1001 photos
SOLAR
La France des villages
1001 photos
SOLAR
La Terre
1001 photos
SOLAR
Les animaux de la ferme
1001 photos
SOLAR
Les chiens
1001 photos
SOLAR
Les poissons et cétacés
1001 photos
SOLAR
Les motos de rêve
1001 photos
SOLAR
Les merveilles du monde
1001 photos
SOLAR
Les oiseaux
1001 photos
SOLAR
Les châteaux
1001 photos
SOLAR
Les chats
1001 photos
SOLAR
Les châteaux
1001 photos
SOLAR
Les trains
1001 photos
SOLAR
Le cyclisme
1001 photos
SOLAR
Les villes mythiques
1001 photos
SOLAR
Le rugby
1001 photos